全国技工院校公共课教材

心理健康知识与案例分析

（第三版）

人力资源社会保障部教材办公室组织编写

中国劳动社会保障出版社

图书在版编目(CIP)数据

心理健康知识与案例分析/人力资源社会保障部教材办公室组织编写. -- 3 版. -- 北京：中国劳动社会保障出版社，2022

全国技工院校公共课教材

ISBN 978-7-5167-5133-6

Ⅰ.①心… Ⅱ.①人… Ⅲ.①心理健康-健康教育-技工学校-教材 Ⅳ.①G444

中国版本图书馆 CIP 数据核字(2022)第 032307 号

中国劳动社会保障出版社出版发行

（北京市惠新东街 1 号　邮政编码：100029）

*

北京谊兴印刷有限公司印刷装订　新华书店经销

787 毫米×1092 毫米　16 开本　14.5 印张　280 千字

2022 年 4 月第 3 版　2022 年 12 月第 3 次印刷

定价：29.00 元

营销中心电话：400-606-6496

出版社网址：http://www.class.com.cn

http://jg.class.com.cn

前 言

《心理健康知识与案例分析》自出版以来，受到了广大师生的高度认可。为更好满足当代技工院校学生的心理健康教育需要，我们组织教师、专家对教材进行了修订，突出对学生的心理认知、行为特征、发展特性和成长规律等内容的教学，将严谨的心理知识与温暖的心理感知结合起来，站在学生的角度分析典型心理案例，并教授解决心理问题的方法。本书具有以下特点：

第一，实现育德育心有机结合。帮助学生掌握心理健康知识和心理调适技能，树立自助互助求助意识，学会理性面对挫折和困难，引导青年学生树立正确的生命观，培育自尊自信、理性平和、积极向上的良好心态。

第二，专业性与趣味性结合。教材以“我”和“我们”的视角拉近同学们与心理健康知识和实践的距离，将抽象的心理学理论转化为感性的、有温度的心理指导。采取“案例导入＋理论阐述＋方法指导”的编写模式，通过“心理案例”“心理体验”和“课后活动”等栏目，使学习内容环环相扣、层层递进，富有趣味，以促成同学们的有效学习。

第三，选用真实案例并附有专业心理分析。本书选用案例大部分来源于真实的问题和情境，并附有专业的心理分析。通过对案例的学习，学生能感悟心理变化，激发探讨问题的热情，进而运用所学独立思考和判断，不断提高认知、习得经验、获得力量、改善行为，提升对学习生活的热情。

第四，具有时效性，突出热点问题。本书结合当下社会热点和学生心理的新特点，新增了关于工匠精神、习惯养成、成瘾心理和防止性侵等内容，从心理学的角度帮助学生明确职业人生方向，了解社会对自我成长的影响和要求，增强其保护自我身心健康的意识与能力，同时学会帮助他人。

本书可作为指导技工院校学生学习心理健康知识与自我心理调适方法的教材或课外读物，也可作为教师了解学生心理健康特点的参考资料。

本书由赵燕玲主编，叶祝华、洪燕任副主编，黄少妹、陈林参与编写，张轶、关博元审稿。

人力资源社会保障部教材办公室

2022年1月

目录

导入篇

- 第 1 课　懂得心理健康标准
- 第 2 课　学会维护心理健康

第 1 课　懂得心理健康标准

是什么，当我们呱呱坠地后，它就分秒不离地陪伴着我们？ 它是变化多端的精灵，有着兰花绽放的宁静，也有着锣鼓敲响的喧闹。 它时而如水一般柔弱，却可以在不经意间凝结成坚韧的力量；时而又如大海一般深沉，却又能在不知不觉中酝酿起惊涛骇浪。 有时它如同手中的一支笔，可以任由你挥洒出华丽的篇章；可有时它又如天空中缥缈的云朵，无法预测前行的方向。 你能感觉到它吗？ 它就是我们的内心……

案例导入

世赛金牌得主的成功之道

世界技能大赛是最高层级的世界性职业技能赛事，其竞技水平代表了各领域职业技能发展的世界先进水平。大赛是青年人展示技能的舞台，绝大多数项目的参赛者年龄在 22 周岁以下。大赛每两年举办一次，被誉为“世界技能的奥林匹克”。

2019 年，第 45 届世界技能大赛在俄罗斯喀山举行，来自世界技能组织 69 个成员国和地区的 1 355 名选手在 6 大类 56 个项目开展竞技。中国代表团荣登金牌榜、奖牌榜、团体总分第一，向世界展示了大国工匠的风采。

来自广东省机械技师学院的黄晓呈是本次世界技能大赛中数控车项目金牌和国家最佳选手获得者。在此之前，他曾荣获第七届全国数控大赛第三名、第 45 届世界技能大赛全国选拔赛第二名、全国技术能手、广东省五一劳动奖章和广东省五四青年奖章等荣誉。

回忆起这次比赛，黄晓呈说：“我特别注意对自己情绪的把控，让自己既不过度兴奋也不太消极。之前的比赛经验告诉我，要尽量让自己放松，不去考虑比赛的结果。在比赛之余，我会把笔记本中记录的问题拿出来温习一下，回想着整个加工的流程。我还特别注意休息的质量，为了有更好的睡眠质量，睡前我会在房间里做点运动。在比赛现场，虽然有很多人围着我看，但我全然不顾，完全沉浸在自己的世界里，这得益于平时进行的干扰训练，让我发挥出正常的竞技水平。”

世界技能大赛不仅是参赛者理论知识和操作技能的比拼，更是对其心理素质的考验。心理素质是一个人素质结构中的核心因素。具备良好的心理素质既是时代发展的要求，也是自身成长的需要。

一、健康与心理健康

世界卫生组织对健康所下的定义是："身体上、精神上和社会适应上的完好状态，而不仅仅是躯体无病。"这个内涵包括了身体健康和心理健康。

心理健康是指一个人的生理、心理与社会处于协调的和谐状态。健康的心理是我们学习、生活的基本条件。心理健康与否也是衡量一个人健康水平的重要标志。

心理案例

小媛的困扰

16 岁的小媛是一个活泼好动、性格开朗、充满自信的孩子。最近几个月，小媛总感到肠胃不舒服，每次吃完东西都有胃胀、反酸、打嗝等症状，偶尔还会肚子痛。小媛的妈妈带她辗转了几家医院，可奇怪的是，小媛的各项指标都是正常的，而小媛的体重却在急剧下降。万般无奈之下，小媛的妈妈接受了消化科医生的建议，带着小媛来到医院的心理咨询科就诊。经医生诊断，小媛这种"虽有肠道不适的症状，但并无器质性病变"的情况属于胃肠道心身障碍。

【心理分析】胃肠道是人体最大的"情绪器官"，人的消化功能会随着情绪波动而出现"情绪化"的反应。近年来，随着人们工作学习的压力不断增大，胃肠道心身疾病的发病率呈上升趋势。

二、心理健康的标准

1. 良好的适应能力

在纷繁复杂、不断变化的大千世界里，人的一生会遭遇到各种不同的环境及变化。如果具有良好的适应能力，无论现实环境如何变化，我们都能泰然处之，应付自如。

2. 正确的自我意识

自我意识是对自我、自我与周围关系的意识，它包括个体对自身的意识和对自身与周围世界关系的意识两个部分。正确的自我意识有助于更好地认识自我，客观评价自我，及时调控自我，从而不断完善和超越自己。

3. 情绪稳定，意志力坚强

心理健康的人一般情绪比较稳定，能够经常保持愉快、开朗、自信、满足的心理状态，热爱生活，对生活充满希望，并善于从生活中寻求乐趣。他们通常具备坚强的意志力，能够淡然面对压力并承受挫折，同时能够有意识地培养自己的意志力，使自己能够锲而不舍、克服困难、勇往直前。

心理案例

一切都变了

小峰中考失利，与梦想的中学失之交臂，辗转来到职业学校，成为一名职校学生。近半年来，小峰感到很压抑，对一切都提不起兴趣，情绪极度低落。他说不清楚这种状态是从什么时候开始的，可能是初三上学期的学习压力使自己变得内向，不想跟人说话。上了职业学校后，又嫌弃自己个子矮，篮球、足球都不会。除了对自己不满，小峰还对身边的人不满，他特别反感宿舍同学太吵，东西乱放，整天想发脾气。

【心理分析】青春期是情绪复杂和易波动的时期，由于中考的压力和失误，小峰的情绪一直较为负面，且持续半年以上，属于心理亚健康状态。

4. 人格完整统一

人格完整是指拥有健全统一的人格，即构成人格的气质、能力、性格和理想、信念、人生观等均衡发展。人格统一是指心理健康的人所思、所言、所行是协调一致的，具有正确的自我意识和积极进取的人生态度，有明确的社会责任感，注重培养自己良好的性格，能够把自己的需要、愿望、目标和行为统一起来。

5. 人际关系和谐

和谐的人际关系是指人与人之间在直接的物质交流和精神交流过程中，以感情为基础，相互尊重、诚信友爱、团结友善、和谐相处的关系。

6. 心理行为与年龄性别及社会角色相称

不同年龄阶段的人有着与之相适应的心理行为表现和性格特征。心理健康的人的心理行为表现符合相应的年龄特征和性别角色。

三、心理健康的自评

同身体会感冒一样，心理也会患上“感冒”。“心理感冒”是由于外界环境、人际关系、学习或生活中的突发事件等造成心理负担，进而产生的心理抑郁症状。在心理上通常表现为情绪波动、激亢或消极、焦虑，并出现烦恼、紧张、不安、愤怒、憎恨、忧愁、悲伤、恐惧、痛苦等情绪；在生理上会出现如头晕、头痛、失眠、食欲不振、心悸、气促等症状。

心理案例

被偷走的快乐

小健原本是一名快乐的技校生，16岁那年，作为家庭经济支柱的父亲因车祸意外离世，家庭一下陷入困境。原本活泼开朗的小健开始沉默寡言，不愿意出门，也不爱与人交往，多次向母亲提出退学的要求。

【心理分析】父亲的突然去世，一方面让小健失去了父亲的保护，没有了安全感；另一方面，家里的经济支柱倒塌，他无法像以前一样衣食无忧，由此变得自卑。“心理感冒”让小健失去了原本的快乐。

感冒虽然不是什么大病，可带来的影响却是不容忽视的，“心理感冒”也是如此。处于青春期的我们，面对学习、就业的压力，容易产生低落、焦虑、恐惧等负面情绪。我们要经常审视自己的心理状况，有目的地调适自己的行为，使心理处于健康状态。

心理体验

心理学家列举了一些常见的“心理感冒”症状及判断标准，让我们给自己当一回“医生”，测一测我们有没有“心理感冒”。

1. 时常感到情绪低沉、闷闷不乐。
2. 觉得日子过得没意思、没劲。
3. 感觉思维和反应比别人慢半拍。
4. 经常自责、内疚，埋怨自己把事情搞砸了。
5. 常常想睡觉，不愿活动。
6. 心中有莫名其妙的烦恼。
7. 学习效率下降，注意力容易分散。
8. 容易受惊吓，也容易感伤，感情脆弱。
9. 觉得浑身不舒服，但又查不出问题。
10. 没有食欲或者依靠暴饮暴食来对抗情绪的不适。
11. 哪怕是自己喜爱的朋友与自己交谈也毫无兴致。
12. 过分注意自己的仪表，其他方面却比较懒散。
13. 常常想要是没人管我就好了，可偏偏生活中限制很多。
14. 被人批评了会好几天不开心。
15. 总觉得自己还小，在谈到有关未来前途的事情时总是回避。

【提示】如果我们有以上 15 种症状中的多种，可能就存在“心理感冒”，必要时应向心理咨询师或专业心理咨询机构咨询。

四、预防“心理感冒”

1. 合理使用“心理放大镜”

自动思维是指不需要周密思考、自动在人们大脑中产生的思维、想法和观念。自动思维多出现在臆想、白日梦及幻想中。日常生活里，有的人习惯把事情往坏处想，心理学上称之为负性自动思维。负性自动思维让我们的心情变得糟糕。很多时候，我们深受其影响，却不能及时察觉其存在。

心理案例

一个鸡蛋的“巨大损失”

一位主妇不小心打破了一个鸡蛋，这本来很平常，但是这位主妇却想：“一个鸡蛋孵化后会变成一只小鸡，小鸡长大后变成母鸡，而母鸡又能够下很多的蛋……”“天啊！”主妇痛苦地叫喊起来：“我失去了一个养鸡场。”为此，这位主妇郁郁寡欢，常常苛责自己。

【心理分析】具有习惯性负性思维的人，看事物不利的一面比有利的一面要多，甚至会夸大其负面影响。这个案例中的主妇打破了一个鸡蛋，本是微不足道的小事，但却因不良的心理暗示，导致其不仅夸大了损失，还自我贬损，甚至陷入抑郁，实在是因小失大。

心理体验

请指出以下想法中哪些属于负性思维？哪些不属于负性思维？

1. 期末评优时，有几位同学给我投了反对票，我觉得自己很失败。
2. 我感冒了，所以没有考好。
3. 今天好朋友把脚崴了，都怪我没有提醒她注意。
4. 因为比赛那天刮大风，我没能打破运动会纪录。

【自我检查】我是否存在负性自动思维？这样的思维习惯对生活和学习会有怎样的影响？

“积极的人像太阳，照到哪里哪里亮。”在生活中，我们要多用正性放大镜，发挥人的主观能动性，把愉快的感受合理放大，让快乐多一些，让心理畅快一些，有效提高我们的生活质量。

心理案例

泥土与繁星

一个名叫塞尔玛的女子嫁给了军人，陪伴丈夫驻扎在沙漠地带的陆军基地。一次，丈夫奉命到沙漠里去演习，把塞尔玛一个人留在基地的小铁皮房子里。天气热得让她受不了，也没有人陪她说话，因为她的身边只有不会说英语的墨西哥人和印第安人。塞尔玛非常难过，写信给父母，说她要丢开一切回家去。

很快她就收到了父亲的回信，只有短短的几行字，却让她印象深刻，完全改变了她的生活。父亲引用了一位诗人的名言："两个人从牢中的铁窗望出去，一个看到了泥土，一个却看到了繁星。"塞尔玛一再读这个句子，她感到非常惭愧，决定要做那个看到繁星的人。

塞尔玛开始研究仙人掌等各种沙漠植物，学习有关土拨鼠的知识；她观看沙漠的日落，寻找几万年前这里还是海洋时留下来的海螺壳；她和当地人交朋友，对他们的纺织品、陶器表现出浓厚兴趣，而他们居然把舍不得卖给观光客的纺织品和陶器送给了她，这让她非常惊讶。塞尔玛为自己发现的新世界兴奋不已，后来她把自己的经历写成了一本书。塞尔玛从自己的房间里看出去，终于看到了"繁星"。

【心理分析】看待事物的角度不同，人的行动就会不同。正面、积极的角度常使人看到事物美好的一面，促使人们积极行动。在人生的道路上我们可能会遇到塞尔玛式的困境，如果我们学会用积极的心态看世界，我们也会看到"繁星"。

2. 常为心灵"减负"

很多人都喜欢房间清扫后一尘不染的状态，喜欢理发后神清气爽的感觉，那是多余的杂物去除后的身心愉悦。在生命成长的过程中，如何让我们的心灵轻松起来？最好的办法就是常给心灵"减负"——除去笼罩心灵的雾霾，让心灵澄澈敞亮、充满阳光。

（1）换位思考。在生活中，我们时常会因矛盾与冲突陷入悔恨、自责，不论起因如何，其结果都是具有伤害性的。"我"的需要没有满足或被忽视就容易引起心情不愉快，严重时甚至造成心理创伤。但我们可曾仔细思考过，"我"的需要没有满足或被忽视的原因有很多种：可能是自己没有表达需求或需求表达得不明确，可能是他人没有能力满足，或是他人没有正确理解我的需要等。

无论哪种原因造成的心理创伤，都需要我们换位思考，去理解、去接纳。

心理案例

牵着蜗牛去散步

我有一个任务，牵着一只蜗牛去散步。我不能走太快，蜗牛已经尽力爬，为何每次总是那么一点点？我催它，我唬它，我责备它，蜗牛用抱歉的眼光看着我，仿佛说：“人家已经尽力了嘛！”我拉它，我扯它，甚至想踢它，蜗牛受了伤，它流着汗，喘着气，往前爬……真奇怪，为什么叫我牵着一只蜗牛去散步？

蜗牛往前爬，我在后面生闷气。咦？我闻到花香，原来这边有个花园；我感到微风吹过，原来夜里的微风这么温柔……慢着！我听到鸟叫，我听到虫鸣；我看到满天的星斗多么亮丽……可之前我怎么没有感觉到这些呢？

【心理分析】允许小蜗牛慢慢前行，把自己从原来烦躁的情绪中解脱出来，才真正明白了牵着一只蜗牛去散步这个任务的意图，最后收获的是沁人心脾的花香，是悦耳动听的鸟鸣，是豁然开朗的心情。

现实生活也是如此——换位思考，试着理解和接纳，我们会沐浴阳光，吮吸着芬芳；我们会感到天高地阔，悠然徜徉。

（2）学会放下。生活里很多烦恼，都是因为放不下。因为背负太多压力，经常活在痛苦之中；因为感到自卑，无论做什么事都习惯性否定自己……但是当你真正放下压力、放下过去、放下自卑、放下懒惰，用行动代替抱怨，凡事少计较，很多事都会慢慢变好。

（3）心态积极。人们常说：“心态决定一切。”积极的心态，让我们的生活充满色彩与活力；而消极的心态却让生活充满无奈与伤痛，甚至会让我们丧失对生活的希望。

心理案例

截然不同的孪生兄弟

有一对孪生兄弟，一个出奇乐观，一个却非常悲观。有一天，他们的父亲想要对他们进行“性格改造”。于是，他把那个乐观的孩子锁进了一间堆满马粪的屋子里，把悲观的孩子锁进了一间放满漂亮玩具的屋子里。

一个小时后，父亲走进悲观孩子的屋子里，发现他坐在一个角落里，一把鼻涕一把眼泪地在哭泣。父亲看到悲观的孩子泣不成声，便问：“你怎么不玩那些玩具呢？”“玩了就会坏的。”孩子仍在哭泣。当父亲走进乐观孩子的屋子时，发现孩子正在兴奋地用一把小铲子挖着马粪，把散乱的马粪铲得干干净净。看到父亲来了，孩子高兴地叫道：“爸爸，这里有这么多马粪，附近肯定会有一匹漂亮的小马，我要给它清理出一块干净的地方来。”

【心理分析】一位哲学家说过：“生活像一面镜子，你笑它也笑，你哭它也哭。”生活并不缺少快乐，缺少的只是发现快乐的眼睛。只有我们用快乐的眼睛发现生活的美好，我们的生活才会更有乐趣。

积极的心态，一方面是指心理状态是乐观的，另一方面是指态度是积极的。积极的心态能激发潜能，让我们愉快地接受任务，坦然面对意想不到的变化，宽容地理解冒犯，勇敢地尝试想做的事情，从而获得更多的发展机遇。

心理案例

靠自己

三个工人在建筑工地上砌墙。有人问他们在做什么。第一个工人没好气地说：“你没看到吗？我在砌墙，这些砖块又沉又硬，我的手酸麻不已，这哪是人干的活儿。”第二个工人抹了抹脸上的汗水，认真地回答：“我们在建一栋大楼，不过这份工作可不轻松！”第三个工人一边哼着小曲，一边回应道：“我正在参与一座美丽城市的建设，建成之后，这里可以吸引更多的人来工作，共同促进城市的发展，我都可以想象得到未来繁华的样子，真令人感到兴奋！”

十年后，第一个工人依旧在砌墙，第二个工人成了工程师，第三个工人则成了前面两个人的领导者，他依旧满怀热情地工作着。

【心理分析】态度决定一切，不同的人对同一件事有不同的看法，而不同的看法会导致不同的结果。在生活中，我们一定要保持积极的心态，因为有积极心态的人是乐观的、为人热情的、善于行动的，同时，拥有积极心态的人思维也是积极的。

母亲把我们带到这个世界的时候，给予我们身体的同时，还给予我们一颗独特的心灵。如何让心灵同身体一样健康成长，是每个人必须思考与实践的。让我们一起精心地呵护它、照料它，给予它充足的阳光和雨露，让它逐渐成熟强大，支撑我们的未来！

第 2 课　学会维护心理健康

青春是美好的，它充满了活力和希望；青春又是无奈的，它会让人迷茫和忧伤。在我们成长的过程中，青春期是人生发展的黄金期和关键期。青春期的我们，生理与心理发展不协调，容易出现各种心理困扰及心理问题。面对困惑，我们要用积极的心态，主动地调整自己，尽快走出心灵的沼泽，勇敢地走进心理咨询室……。让我们学会心理维护，做一名心理健康的青年学生。

案例导入

成长的烦恼

小雨：“我的性格很内向，从小对父母的话言听计从。我特别怕妈妈，她从来容不得我有反对意见，所以每当她反驳我的观点时，我便不敢再出声，唯有洗耳恭听，哪怕我觉得自己万分正确也是如此。最近，我发现她偷看我的日记，她怎么用这种‘小人’的手法对待自己的女儿啊，我怎么有一个这样的妈妈呢？”

小飞：“我和小俊是同班同学、好朋友。原先我们无话不谈，遇到困难也能相互帮助。可自从上个月他在班长竞选中战胜我之后，我们的关系就有点尴尬。表面上，我可以轻描淡写地告诉他我不在乎，但心里总有点……我知道自己不该这样，可我就是控制不住自己。”

小展：“我有个出类拔萃的哥哥，从小我就生活在自卑的阴影中。尽管从小学到现在，我的成绩一直处于中等偏上的水平，但父母从不对我抱太大的希望。中考失利后，父母的冷嘲热讽简直让我难以承受。我变得消极、胆怯、脆弱。尽管我让自己麻木，不再为屈辱而流泪，但实际上我心里的怨气太多，我想发泄，想痛哭，却无法做到，我怎么这么没用啊?”

小小少年，也有烦恼。在成长过程中，每个人在不同时期都有独特的心理状态，每颗心灵都有独特的情感体验，特别是正处于人生第二个飞速发展期——青春期的青少年更是如此。

一、青春期的心理矛盾

青春期是走向成年的过渡阶段，也是性意识萌发和发展的时期。我们的心理发展和生理发育并不同步，在青春期，生理机能迅速增强，而心理发展相对滞后，身心发展的不匹配容易造成失衡。因此，矛盾性是青春期主要的心理特点。

1. 成熟与幼稚

青春期被称为人生第二个飞速发展期。在这个阶段，我们的身体快速成长，独立性开始萌芽，开始拥有自己的个性和想法。

心理案例

“与众不同”的新同学

服装班的女生大多乖巧、文静，但也有特例，新生小西就有些与众不同。入学报到当天，她顶着一头金黄色的长发，化着与年龄不符的浓妆，踩着10厘米的高跟鞋，在人群中显得格格不入。进入班级之后，老师同学们很快发现，小西是个自信大胆的孩子。她善于表现自己，军训期间主动代表班级上台表演，获得同学们的喝彩；她也乐于承担班级工作，老师交给她的任务她都超预期完成了，还顺带着帮同学解决了宿舍矛盾。谈到她的穿着打扮不符合学生形象，小西不好意思地笑了："就想着打扮得好看一点，没考虑那么多。"

【心理分析】处于青春期的小西通过与众不同的穿着打扮来宣告自己的成长和独立。女孩子爱漂亮是天性，本无可厚非，但作为学生，我们的仪容仪表要符合学生的身份和特点，在追求美上切勿一味追赶时髦，盲目模仿。

实际上，青春期的我们心理发展尚处于幼稚向成熟发展的阶段，认知能力、思维方式、社会经验与成人还有一定的差距，在遇到实际问题时容易产生矛盾。这是人生必然的经历。我们要抓住学习与生活中的机会和挑战不断磨砺自己，体悟与反思成长中的得与失。

2. 独立与依赖

进入青春期，我们在生理上快速发育，独立意识越来越强烈，在精神生活方面迫切想要摆脱成人的束缚，特别是父母的羁绊；要求具有独立自主的权利，能够主宰自己的前途命运。事实上，我们很难完全独立面对错综复杂的成长环境，当出现心理困惑和焦虑时，我们仍希望继续得到长辈在精神上的理解、支持和保护。这个时期称为"心理断乳期"。

心理案例

长不大的马铭

马铭是某职业学院一年级新生，也是家族中备受关注的孩子，过惯了衣来伸手饭来张口的生活。到了新环境，马铭像自由的小鸟，别提多开心了：终于自由了。在校期间，马铭方方面面表现都不错，就是卫生情况不如人意。宿舍人反映，马铭从不参与宿舍打扫卫生活动。不仅如此，马铭还是"垃圾制造者"，经常躺在床上往地上扔垃圾。久而久之，宿舍同学的意见非常大。老师找马铭谈话，离开办公室的时候，马铭眼珠子一转，拨通了妈妈的电话。马铭妈妈火急火燎地赶到宿舍，帮马铭把宿舍里里外外收拾个遍，正当马铭欢天喜地地跟妈妈挥手道别时，站在不远处的班主任老师将马铭妈妈请进了办公室……

【心理分析】马铭一方面不愿意受束缚，为自己能得到自由而兴奋不已；另一方面当需要自己独立打扫卫生时，又不愿意承担责任，把妈妈这位救兵搬了出来。这是青春期独立与依赖矛盾的体现。

3. 封闭与开放

进入青春期，我们的成人感和独立意识逐渐建立，知识和经验增加，我们将一些想法和心理感受埋藏在心底，不轻易向外界袒露，尤其不向父母、师长袒露。这就是青春期的闭锁心理。

由于担心子女的安全，父母希望通过各种途径了解子女的生活。而青春期的我们内心世界变得更加丰富、敏感，不愿轻易向人敞开心扉，非常注重保护自我的“隐私”。如果父母等长辈和我们不能相互理解，因此产生的相互不信任和不满意会加剧我们心理的闭锁程度。青春期的我们同样有倾诉的愿望，希望得到他人的认同、理解。这使我们更愿意向同龄人或可依赖的朋友吐露心声，这就形成了心理闭锁性与开放性之间的矛盾。

4. 成就与挫败

青春期的我们在学习和生活中通常表现出成人式的“能干”，主动向成人看齐。如果获得良好成绩，我们会产生优越感和成就感，这种成就感激励我们继续努力。但是一旦遇到失败，我们会产生挫败感，自信心受到打击，甚至产生自暴自弃的心理。成就与失败的心理感受会反复出现，成功时激情满怀，失败时垂头丧气。

心理案例

民间艺人的成长之路

20世纪90年代，有个生长在偏远山村的女孩儿，她非常喜爱剪纸这项传统工艺。

一天，女孩儿听说一些外国人喜欢中国工艺品，大老远跑到农家小院，花高价收购老太太做的虎头鞋。她想，北京是首都，外国人多，如果把自己的剪纸拿到那里，应该能卖个好价钱。18岁那年，她满怀希望来到北京。让她没有想到的是，北京艺术品市场里的剪纸那么便宜，她带去的作品，一张一块钱都没人要。女孩不仅没挣到钱还赔上了一笔路费，女孩难过地大哭一场。尽管如此，回来后她依旧坚持继续学习剪纸艺术。

22岁那年她软磨硬泡拿到了父母为她准备作为嫁妆的1 000元，交了省城一家美术馆的展览费，将自己的作品展出。这一次，她不仅赔上了自己的嫁妆钱，还欠下了一大笔装裱费，成了乡邻茶余饭后的笑料。女孩为了还钱，跑到深圳打工。尽管打工很艰难，但她每天晚上都挤出时间去上美术课，处处留心实现自己剪纸梦想的机会。

随着知识的累积和人生阅历的增加，她将自己所能了解到的途径一一做了尝试。到艺术学校自荐、参加各种各样的评比和展出、给报纸杂志寄作品、报名参加电视台的节目、想方设法接触记者、联系赞助搞个人展、请工艺品店和市场代卖、去印染厂推销自己的图样设计等。可多次尝试都失败了，还曾被骗子骗走所有的作品，也曾被债主逼得走投无路。尽管如此，她始终把剪纸艺术放在第一位，后来终于有了自己的剪纸工作室，可以靠剪纸维持生活。慢慢地，女孩儿成了远近闻名的“剪纸艺人”。

【心理分析】人的一生难免经历挫折，挫折并不可怕，可怕的是遇到挫折从此一蹶不振。女孩儿从山村一路走来，经历了多次挫败，但她从不言败，一次次从跌倒的地方站起来，一步步走向自己的梦想，最终获得了成功。

心理体验

青春期心理调查报告

内容	在我眼里	在父母眼里
成熟		
逆反		
早恋		
愿望		
未来		

了解青春期心理矛盾的特点，能够帮助我们在日常生活、学习、交友中避免盲目性，使自己的心理得到健康和谐的发展。

二、心理健康维护方法

大千世界纷繁复杂、变化多端。当面对不同环境、困惑和烦恼时，我们要做好自我心理维护，快乐健康地成长。

1. 培养健康生活方式

健康是人全面发展的基石，科学的生活方式是获得健康、减少疾病最简便易行、经济有效的途径。健康的生活方式主要有：早睡早起保持充足的睡眠，一日三餐均衡营养，坚持适当适量运动等。

2. 拥有积极自我观念

积极的自我观念是心理健康的核心特质。拥有积极的自我观念会让我们在人群中感到安全自信，能以“真实的我”的面目出现，以肯定的态度接纳自己。既能接纳自己的长处与发展潜力，也能接纳自己的缺陷、不完美与局限性，欣赏“我就是这个样子”。

心理体验

每个人都希望得到别人的欣赏和肯定。但是，或许你并不引人注意，或许还有点小小的自卑，不过没有关系，请通过填写下面的内容来给自己一些掌声吧！

我为自己______________而感到自豪，因为______________。

我为自己______________而感到自豪，因为______________。

我为自己______________而感到自豪，因为______________。

我为自己______________而感到自豪，因为______________。

我为自己______________而感到自豪，因为______________。

3. 提高人际交往能力

在人际交往中，要学会从他人的角度看问题；对人不苛求，主动发现他人的优点，欣赏他人的成功，主动关怀和帮助别人，从中体会到快乐；当面对难以应付的压力时，学会乐于接受，主动寻求支持和帮助。

4. 合理疏导不良情绪

压力情境容易使人产生消极、痛苦的反应，我们应当正视它们，合理表达，恰当宣泄。宣泄情绪的方式有多种，如可以向家人、朋友倾诉。通过倾诉，既可以了解自己与他人在情绪上的共通性，又可以学习他人的处理方法。合理疏导不良情绪的方式还包括：积极参加体育锻炼，提高反应能力；欣赏音乐，舒缓情绪，放松身心等。

5. 积极展开自我对话

自我对话是一种自我沟通的方式，包括积极的与消极的。积极的自我对话可以帮助我们顺利地度过心理困扰期。比如，当有多项学习任务造成压力、无所适从时，可以暗示自己："不是我没有能力，是学习任务量太大，让我一件一件地去做，一定能做好。"

6. 树立积极人生态度

积极的人生态度是指积极的心理态度或状态，是个体对待自身、他人或事物积极、正向、稳定的心理倾向，是一种良性的、建设性的心理准备状态。在看待事物时，应考虑其有好的一面，也有不好的一面，但拥有积极人生态度的人，即使深陷沟壑，也能心存光明远景，从环境中获取智慧和力量，最终跨越困境。

7. 尝试接受心理咨询

我国心理咨询事业从20世纪80年代开始发展，越来越多的人开始走进心理咨询室寻求帮助。

心理案例

勇敢走进心理咨询室

小鑫就读于某职业学院汽修专业。他很聪明，只是不爱学习，经常逃课，与同学相处时不太考虑他人感受，容易与人争执。老师多次批评教育他，小鑫表面上满不在乎，但在心里却有一丝难以言明的烦恼。终于，小鑫鼓起勇气敲开了学校心理咨询室的门……

咨询室里，心理老师了解了小鑫的成长经历：小鑫一直由爷爷、奶奶抚养长大，老人溺爱孙子，尽力满足物质需求却不舍得说一句重话，过去只要老师反映情况，爷爷奶奶总能帮小鑫找到开脱的理由。“只要把爷爷奶奶哄高兴了，其他做什么都无所谓。”面对辅导老师，小鑫说出了心里话。

【心理分析】小鑫日常生活中的不良习惯和行为，与爷爷奶奶的娇惯有关，从小有求必应使得他以自我为中心、不太懂得考虑他人的感受，人际关系出现问题。随着年龄增长，无法很好融入集体的小鑫内心孤独、空虚，渐渐地，逐渐发展成为“问题学生”。当我们无法解决心理问题时，应该积极寻求专业人士的帮助，勇于接受心理辅导，及时解决问题。

心理咨询是指心理咨询师运用心理学的原理和方法，针对咨询者的各种心理问题，帮助咨询者了解自我，帮助其排忧解惑，克服心理障碍，使咨询者的认识、情感、态度发生积极变化，从而更好地适应学习和生活。心理咨询通常分为心理咨询和心理治疗。

（1）心理咨询。为突破自身的弱点等进行的咨询就是心理咨询。心理咨询可以挖掘心理潜力，提高自我认识能力。在成长过程中，有可能遇到各种困惑和障碍，心理咨询能帮助我们更好地适应新的生存环境、选择合适的职业、促进个人事业的成功。

（2）心理治疗。当人们出现严重精神情绪心理问题时，如因各种家庭、社会刺激而引起焦虑、紧张、恐惧、抑郁等情绪问题，或者因各种挫折引起行为问题，其所进行的心理咨询就是心理治疗。

咨询与治疗之间的界限有时并不分明，都是帮助我们了解自己进而产生变化。

人们通常对心理咨询存在误解，其实每个人都有可能遇到这样或那样的问题，导致消极情绪的产生。如果这些问题能得到及时、恰当地解决，个体就能健康发展；反之，则会造成持续的不良影响，甚至导致心理障碍。所以，当我们遇到心理问题而又无法自我调适时，要勇敢接受心理咨询。

课后活动

犯错不一定是糟糕的事

欧阳是机械专业的一名学生，由于他学习成绩优异，在学校大小竞赛中脱颖而出，学校决定派他参加省职业技能大赛，这让他感到十分焦虑、紧张和害怕。请列出可能引起欧阳这些负面情绪的想法，分析哪些是理性成分，并进行辩论，建立合理认知。

例如：

可能的想法："我必须表现得很好，不能犯错，犯错不仅给自己丢脸，还会辜负老师们的期望。"

辩论1："我必须表现得很好，不能犯错。"——表现好固然让人欢喜，但高压下犯错也是一件正常的事情，每个人都有可能犯错。

辩论2："犯错不仅给自己丢脸，还会辜负老师们的期望。"代表学校参加职业技能大赛本身就是一件光荣的事情，但参赛的目的是以赛促学，让我们的技能水平更上一层楼，与面子无关，学校永远是我们坚实的后盾。

可能的想法：________________________________

辩论1：________________________________

辩论2：________________________________

适应篇

· 第 3 课　用心适应全新环境
· 第 4 课　积极融入新的集体
· 第 5 课　掌握学习成才之道

第3课　用心适应全新环境

十六七岁，金子般的年华，多梦的季节。我们迎来人生的第一次选择：读高中、读中职还是走向社会？在人生的三岔路口，我们选择了读技工学校。

社会对我们有着怎样的期待？我们该怎样去扮演好自己的角色？我们应如何适应全新的学习环境，迎接美好的未来？

案例导入

独自穿越沙漠的卡拉

塔克拉玛干沙漠地处我国新疆塔里木盆地中部，是我国最大的沙漠。那里环境非常恶劣，气候干燥，白天高温，晚上严寒，还有突如其来的沙暴，被称为“死亡之海”。

1998年10月26日，52岁的女探险家卡拉向塔克拉玛干沙漠独自出发，历时20余天，行程600千米，忍受常人难以忍受的干渴和饥饿，于11月18日下午走出了塔克拉玛干沙漠，成为成功走出塔克拉玛干沙漠的第一位女性。

为了这次探险，卡拉两年前就开始进行系统性调查，经过科学的计划和训练，最终从南向北穿越沙漠。卡拉说：“我不挑战自然，我是千方百计地适应自然。”

我们进入新的学校后，由于环境、角色的变化，伴随新鲜感的同时也产生了一系列的心理变化。我们要学会尽快适应新环境，以适应新的生活。

一、我们的社会角色

职业教育是国民教育体系和人力资源开发的重要组成部分，是广大青年打开通往成功成才大门的重要途径。在人生的道路上，条条大道通罗马。“进入职业学校，就相当于踏入了半个社会。”这句话非常深刻地揭示了职业学校的本质特点，同时从另一个角度说明社会对我们的角色期待：通过在学校学习理论课与专业课，使自己在未来的工作中成为一名高技能专业人才。

心理案例

来自北京大学的技校插班生

2014 年 11 月 4 日，第六届全国数控技能大赛决赛开幕式在北京工业技师学院举行。会场上，一个看起来很沉稳的男孩代表参赛选手进行宣誓，他就是周浩。

周浩有足够让人惊讶的经历。3 年前，他从北京大学退学，随后到北京工业技师学院就读，从众人艳羡的北大生命科学专业到未来技术工人的身份转变，让人不敢相信。但周浩这样做了，并且谈起当年的决定，“毫不后悔，很庆幸”。

遵父命上北大

2008 年 8 月，顶着如火的骄阳，周浩踏上了去往北京的火车。

在当年的高考中，周浩考出了 660 多分的高分，是青海省理科前 5 名。本来他想报考北京航空航天大学，但遭到了家人和老师的一致反对，父母觉得这样高的分数不报考清华北大简直就是浪费，高中班主任也希望他能报考更好的学校。“我从小就喜欢拆分机械，家里的电器都被我重装过。在北京航空航天大学，有很多实用性的课程，这比较对我的胃口。”但是，周浩最终还是妥协了，“当时还小啊，再有主见也还是听家长的”。没想到，当年的妥协竟困扰了他两年多。

每天接受的纯理论学习让周浩感到头脑发胀，对于未来也变得非常迷茫。经历了休学、旁听、转院、逃避都没能解决问题，周浩开始打起了转校的“算盘”。从大一开始，他就已经在网上对中国的数控市场和技师学院进行了解，对比了中国与德国在数控技术方面的差距。“我觉得中国是比较缺知识技能复合型人才的，就像德国很多技术工人都是高学历，而中国的技术工人基本上都学历不高。”周浩最后选择了北京工业技师学院。

重拾学习热情

2011 年冬天，周浩从北大到了北京工业技师学院，开始了人生新的起点。北京工业技师学院实验室里十几台瑞士进口的数控机器，老师面对面的亲自指导，直接上手机器操作，这一切都令周浩兴奋不已，重新拾回了对学习的热情。由于之前没有接触过数控技术，而别的同学都已经学了两年，为了赶进度，他学得格外认真。“每天都把老师教过的技术重复练习，有不懂的就及时问。”很快周浩便成了小班中项目完成速度最快、质量最好的学生，他朝着自己的目标——成为“知识技能复合型人才”不断努力着。

周浩说："我所学的技术在人们生活中起着很大的作用，我不会后悔自己的选择。每个人只要在适合自己、自己感兴趣的岗位上工作，都会很强大的！"

【心理分析】"三百六十行，行行出状元。"国家建设需要大学本科生、硕士生、博士生，同样也需要大量实用型专业技术人才。周浩的选择建立在明确的人生目标、勇气和信念的基础上，他为我们做出了表率，让我们明白人生之路是可以自己选择的。技能人才是各行各业发展不可或缺的，我们一样可以成为国家的栋梁之材。

我们在社会生活中扮演的角色具有多维性，即一个人往往同时身兼多个角色。这些角色要求人们在不同的情境中以适当的行为方式与他人进行交往。

习近平总书记指出，技术工人队伍是支撑中国制造、中国创造的重要基础。作为新时代的中职生，除了要努力学习专业知识，我们对社会的政治、经济、文化环境也要有清醒的认识，对自己的性格、能力、兴趣要有全方位的了解，提前做好人生规划，为以后适应社会打下基础，为社会做出更大的贡献，更好地实现自己的人生价值。

二、尽快适应新的生活

1. 心理适应能力

心理学使用适应概念时通常有以下三个角度：

一是生物学意义上的适应，即生理适应，如感官对声、光、味等刺激物的适应，"入芝兰之室，久而不闻其香""入鲍鱼之肆，久而不闻其臭"指的就是生理适应。

二是心理上的适应，通常是指遭受挫折后借助心理防御机制来使人减轻压力、恢复平衡的自我调节过程，这是一种狭义的适应概念。

三是对社会生活环境的适应，包括为了生存使自己行为符合社会要求的适应和努力改变环境使自己能够获得更好发展的适应，即通常所说的"如果我们改变不了环境，我们可以改变自己"。

心理适应是指当外部环境发生变化时，人们通过自我调节系统做出能动反应，使自己的心理活动和行为方式更加符合环境变化和自身发展的要求，使主体与环境达到新的平衡过程。心理适应能力是心理素质的核心内容之一，同时也是未来社会对人才素质的基本要求之一。面对复杂多变、竞争激烈的社会环境，只有具备较强适应能力的人才能获得更充分的生存和发展条件，才能够成为社会所需要的合格人才。

2. 适应新学校生活的方法

对于刚刚走进新校园的同学们来说，快速熟悉和适应新环境，是保证良好学习生活质量的重要一环。具体可以从以下四个方面来进行：

（1）接纳“回归心理”。面对新的环境，人们往往喜欢采取退缩的行为以回避新环境带来的压力，我们把这种现象称为“回归心理”。其具体表现是迷恋过去，有一种希望回到过去的心态。“回归心理”是面对新环境时常见的心理状态。为了更好地适应环境，我们可以告诉自己：“我确实感到压力，想要退缩，这很正常，这是很多人都存在的心理状态。”——通过接纳自己的情绪而减缓自己的压力。

心理案例

想家日记

就在宿舍门关上的一刹那，我脸上的笑容消失了。我呆呆地站在那里，盯着关上的门，一种强烈的失落感突然涌上心头。尽管一个月后的国庆假期就可以回家了，一个月的长度在我现在想来就是一辈子的鸿沟。我突然反应过来，跑到门口，想要把门打开，唤回那从小到大给我温暖的背影，可我更害怕打开门以后看到的是一张同样伤心的脸。

晚上，我孤独地裹在被子里，家里的幸福时光一点点地在我脑海中划过，如同一种催化剂，使我撕心裂肺般地痛苦起来了，眼泪从太阳穴旁边滑落，浸湿了鬓角的头发。一点、两点、三点，时间分分秒秒地过去了，我却始终没有睡意，时而哭一阵，时而又平静，头发干了又湿，湿了又干。寝室同学平缓的呼吸声让我越发不安，她们都睡着了，为什么只有我还醒着，醒着是多么寂寞，多么冷清啊！全世界都暗了，都睡了，唯独偏偏漏了我。

好在军训很快就开始了。每天辛苦训练后，我早已疲惫得没有力气去想家，没有精力去失眠。我暗自庆幸这或许是个好兆头。宿舍里的面孔逐渐熟悉起来，我紧张的心逐渐平静下来，再没有掀起波澜。晚上睡下后，大家有一句没一句地聊着，在这温馨的气氛中渐渐进入梦乡。

脏衣服早已洗好挂在阳台上，细腻的手变得不再那么娇嫩了，长指甲被剪短洗干净了，脸晒黑了心却更明亮了……

我发现我真的变得勇敢起来，家越来越近，也越来越远了……

【心理分析】第一次离开家，来到一个陌生的环境，开始住宿生活，很多人会因为生活的不习惯或孤独害怕而“想家”“恋家”。这时，需要我们接纳自己，勇敢地面对新环境，尽快地适应新环境，融入新生活。

（2）熟悉和适应环境。尽快地熟悉新环境才能适应新环境。对离开家乡、离开父母的同学来说，适应新环境是第一个大考验。在熟悉环境的基础上，及时调整自己，坦然面对新环境、顺应新环境，是适应环境的首要前提。

心理案例

水是什么?

有一个人总是落魄不得志，别人让他去请教智者。

智者深思良久，默然舀起一瓢水，问：“这水是什么形状?”这个人摇头：“水哪有什么形状?”智者不答，只是把水倒入杯子，这个人恍然：“我知道了，水的形状像杯子。”智者又把杯子中的水倒入旁边的花瓶。这个人悟道：“我知道了，水的形状像花瓶。”智者轻轻端起花瓶，把水倒入一个盛满沙土的盆，清清的水便一下融入沙土，不见了。

这个人陷入了沉默与思考。智者弯腰抓起一把沙土，叹道：“看，水就这么消失了，这也是一生!”

这个人对智者的话思考良久，高兴地说：“我知道了，您是通过水告诉我，社会处处像一个个规则的容器，人应该像水，盛进什么容器就是什么形状。而且，人还极有可能在一个规则的容器中消失，就像这水一样，而且一切无法改变!”这人说完，紧盯着智者的眼睛，他现在急于得到智者的肯定。

“是这样。”智者拈须，转而又说，“又不是这样!”说毕，智者出门，这人随后。在屋檐下，智者伏下身子，手在青石板的台阶上摸了一会儿，然后顿住。这人把手指伸向刚才智者触摸过的地方，他感到有一个凹处。他不知道这本来平整的石阶上的“小窝”藏着什么玄机。

智者说："一到雨天，雨水就会从屋檐落下，这个凹处就是水落下的结果。"此人遂大悟："我明白了，人可能被装入规则的容器，但又应该像小小的水滴，改变着这坚硬的青石板，直到出现'小窝'。"智者说："对！这个窝会变成一个洞！"

【心理分析】人生如水，化于无形。我们面对新环境，首先要熟悉和尽力适应新环境，以便更好地生活和学习，完成学业，同时也要努力改变环境，才有可能实现抱负，造福人民。

(3) 提高自理能力。进入新环境，每个同学都面临一个重要的课题——独立生活。有的同学受多种原因影响，习惯性依赖他人，缺乏独立意识和自理能力，一旦远离父母和亲人，容易产生无助感。因此，在踏入校园的第一天，我们就要有意识地要求自己，从小事做起，培养自己的独立思维能力和健全人格。

心理体验

半个月花光生活费

王元是一名新生。第一次离开父母独立生活，仅仅半个月时间，王元就把父母给的500元生活费花光了。他向同学们借钱，同学们也都有自己的安排。他向班主任老师借钱，班主任询问了他的开支情况，他答道：每天早餐2元，午餐5元，晚餐4元，零食5元；星期六外出购物，买了衣服、鞋；几个同乡同学放假时下了三回餐馆，还喝了些啤酒；还要上网，与同学溜冰，喝冷饮，加上乘车、打车……这样一来，500元就用光了。

1. 在王元同学的开销中，你认为哪些是合理的，哪些是不合理的？其中不合理开支的原因是什么？请帮他列一张消费单，合理分配500元的生活费。

2. 将自己每天的生活开支记录下来，然后对照记录查一查是否合理，有没有需要改进的地方。

(4) 学会主动交流。来到新环境，要善于运用沟通技巧，主动寻求交往机会。要用开朗热情的方式待人，主动与人交流，多参加集体活动。还可以培养多方面兴趣，完善自己的性格。业余时间多参加健康有益的活动，如打球、下棋、跳舞、听音乐、写作、绘画等，以丰富自己的生活，拓宽自己的视野，调节紧张的心情，舒缓精神的压力，完善性格，升华情感。

心理体验

1. 寻找有缘人

我和________、________、________等是同一个县城或乡镇的。

我和________、________、________等是同一所学校毕业的。

我和________、________、________等是同一个月出生的。

我和________、________、________等有着相似的爱好。

2. 特征检索：寻找纸条上所描述的同伴，进而认识对方。

首先请同学们做自我介绍，然后选出一名主持人，由主持人把有关同学的信息写在准备好的纸条上，分别发给大家，每个人必须去寻找符合纸条上描述的人，取得此人的签名即为成功。

纸条上的内容示例：

在宜昌出生

喜爱唐诗

会三种方言

戴隐形眼镜

喜欢养宠物

特别爱笑

长发飘飘

…………

"凡事预则立，不预则废。"在漫漫人生路上，也许我们无法改变环境，但我们可以转变心境；也许我们无法避免挫折，但我们可以选择微笑面对。让我们适时调整心态，提高心理自控能力，微笑面向人生新征程。

第4课 积极融入新的集体

俗话说："有缘千里来相会。"当我们离开熟悉的校园和同学，踏入新校园，一切对我们而言都如此陌生。也许我们忘不了曾经的老师和同学，还怀念曾经熟悉的班集体。同时，我们渴望交到新朋友，却又不敢主动伸出自己的双手，敞开自己的心扉。于是，我们彷徨、孤单、烦恼……让我们把过去的记忆留在心中，融入新集体，感受新集体的魅力和力量吧！

案例导入

国务院新闻发布会上的快递小哥们

2020年2月23日下午，国务院新闻办公室召开了一场别具一格的记者见面会。会上没有相关领导，没有准备好的讲稿和资料，这次发布会的主角是基层民众代表。正如国务院新闻办发言人袭艳春所说："他们就是一群非常普通，每天在大街上擦肩而过的行人，但是面对疫情时，无数位像他们一样的普通工作者选择了坚强和勇敢，选择了担当和奉献。"

外卖骑手吴辉，他清楚知道疫情的严重性和危险性，却毅然决然地冲在第一线，每天为医护人员和市民们奔波在路上，送外卖单和购买需要的物资。从武汉封城那天起，他就在微博上记录着工作期间碰到的一些温暖的人和事，关注他的粉丝达到7万余人。吴辉说："骑手们的工作被赋予了新的含义，外卖骑手成了维系城市正常运转的摆渡人。我相信只要我们都在，武汉就不会孤独！"

河南小伙赵彬，已是两个孩子父亲的他面对疫情也曾害怕过，但最终选择坚守在送外卖、采购生活用品和药品的工作岗位上。有时他还会送从医院出来的陌生老人家回家。"如果停掉送外卖，那很多行动不便的人，尤其是孕妇、病人、老人，他们是没有办法出门买东西的。我们必须工作，替他们去解决问题。"赵彬说。

快递员汪勇，除了在疫情期间坚持收发快递的日常工作以外，从瞒着家人偷偷接送医护人员回家，到后来建立医护服务群，向社会招募志愿者接送医护人员，向社会募集资金为医护人员提供免费盒饭、购买羽绒服、鞋套等紧缺物资，为医护人员提供了后勤保障。

还有很多平凡的人在疫情期间默默地做着不平凡的事，如老师、护士、警察、社区工作人员、志愿者等，他们一直在自己的岗位上为国家、为人民无私地奉献着。

新冠肺炎疫情防控战激发和凝聚了全社会的“中国力量”，将无数的“不可能”变成“一定能”。一个人的力量是有限的，但只要我们抱成一个团、拧成一股绳，就没有战胜不了的困难——这就是集体的魅力。

一、集体对个人成长的意义

我们每个人都生活在特定的集体中，成长路上的点滴进步、成长、发展都凝聚着集体的力量，都与集体紧密相连。

心理体验

一片树叶的枯萎

一片绿油油的树叶长在枝繁叶茂的大树上，非常润泽，但她觉得叶挨叶，很拥挤，很受约束，非常向往自由，老想着脱离大树，想着随风起舞该是多么美妙！于是有一天，她借助风力，用力挣脱了大树的束缚，飘向她向往已久的精彩大世界。她飘啊舞啊，快乐极了。等她终于飘累了、舞够了，才感觉自己是孤零零的，不久她就枯萎了。

这个故事说明了什么？为什么有人常把学校、班集体作为可以依靠的港湾？

繁茂枝叶离不开大树，个人成长离不开集体。每个人都生活在社会的土壤中，都与身边的集体紧密相连。融进集体，把自己与集体密切联系在一起，找到归属感，才能更充分发挥自己的作用，战胜更多的困难。

二、融人新集体的方法

集体是相对于个体而言的，是指两个或两个以上的人，为了达到共同的目标，用一定的方式联系在一起进行活动的人群。集体中的个体与他人发生相互作用时就构成了一种刺激。个体对这种刺激必然要做出反应，于是表现出与个人独处时不同的行为方式。

新学期、新学校、新的班集体，我们都渴望能尽快融入其中，成为新集体中的一员，顺利地开展新的学习生活。那么，我们应该怎样做呢？

1. 留下良好的第一印象

在日常生活中，人们总希望在别人面前展现自己的魅力和长处，赢得他人的认同和喜欢，得到积极评价。为此，人们采取种种方式想给别人留下良好的印象。

在与陌生人交往的过程中，对于对方的最初印象称为第一印象。第一印象也被称为首因效应，在人际交往中，第一印象是最鲜明、最牢固的，在很大程度上影响着以后双方交往的进程。

心理案例

糟糕的第一印象

彭满在新生报到时衣冠不整，站着的时候，整个人歪歪斜斜，没有一点精气神，留给老师的第一印象可以说是糟透了。老师严肃地对彭满说道："请你整理好着装，注意站姿！"

在选班干部的时候，彭满根本不在老师的考虑范围之内。几个月过去了，老师发现彭满既不旷课也不打架，遵守学校纪律，热心为班上做好事，课余时记日记、写文章，还在校报上发表了几首小诗呢！老师决定找彭满谈一次话。经过交流，老师又了解到彭满性情温和，待人有礼貌，与同学的关系相处得十分友好、融洽。原来，他在报到那天生病感冒，又在颠簸的长途汽车上晕车了。下车后为了赶时间，他没注意到自己的形象，急急忙忙赶来报到，竟然成了老师密切"关注"的对象。鉴于彭满半年来的良好表现，第二个学期老师让他担任了班干部。后来证明，彭满干得很出色。

【心理分析】心理学家给"第一印象"取了一个专业名词，叫作"首因效应"。彭满的案例说明了第一印象相当重要。我们要尽量给人留下良好的第一印象，但我们不能仅凭第一印象来判断和评价一个人，因为它有偏差。

第一印象的作用体现在先入为主上。对方最容易将第一印象存进大脑“档案”中，从而留下难以磨灭的印象。我们若想在人际交往中获得他人的好感和认可，第一印象尤为重要。

心理体验

策划一下，看看怎样做才能给别人留下美好的第一印象？

第一次与新同学见面，你会……

第一次与新老师交谈，你会……

第一次与用人单位领导见面，你会……

第一次去参加一个社会活动，你会……

第一次参加演讲比赛，你会……

…………

第一印象在人们的交往中起着微妙的作用，准确地把握它，就能打下良好的人际交往基础。想要给别人留下美好的第一印象，需注意日常仪表风度和言谈举止。具体做法是：

（1）要面带微笑，给人以谦逊随和的感觉。

（2）与人交谈时目光正视，不能游移，口头表达的语言要严谨，不可信口开河。

（3）肢体语言的运用要适度。

（4）见面前不宜食用易留下异味的食物。

（5）整理好着装，不宜过于随便，不要有过多的小动作，如抖腿、挠头、摸鼻子、捂嘴说话等。

（6）离开之前要面带微笑，适时握手，分别时可以送上祝福。

心理体验

我们在什么状态下会做下列小动作，又会给人留下什么样的心理感受？

序号	动作	解释	心理感受
1	挠头	迷惑或不相信	
2	抖腿	紧张	

续表

序号	动作	解释	心理感受
3	摇头	不同意，震惊或不相信	
4	咬嘴唇	紧张，害怕或焦虑	
5	眯着眼	不同意，厌恶，发怒或不欣赏	
6	扭绞双手	紧张，不安或害怕	
7	坐不安稳	不安，厌烦，紧张或提高警觉	
8	环抱手臂	愤怒，不欣赏，不同意，防御或攻击	
9	避免目光接触	逃避，没有安全感，消极恐惧或紧张等	
10	微笑	同意或满意	
11	点头	同意或者表示明白了、听懂了	
12	身体前倾	注意或感兴趣	
13	正视对方	友善，诚恳，外向，有安全感，自信，笃定	
14	抬头挺胸	自信，果断	

2. 积极结识新伙伴

（1）展示人格魅力。想要建立和谐的人际关系仅凭第一印象是不够的。所谓“路遥知马力，日久见人心”，建立和谐的人际关系需要在交往的过程中持续向对方展示自己的人格魅力。人格魅力是指一个人在性格、气质、能力、道德品质等方面具有的能吸引人的力量。极具人格魅力的人可能具有积极的心态和一往无前的魄力，或者拥有广博的知识，又或者是专注于某一领域，具有独特的见解等。在人际交往中，我们要善于展示自身的人格魅力。

心理案例

我可以认识这么多新同学

又是秋天，又开学了，这个学期对我来说真是不同寻常呀！我会认识一些新同学，这无疑增加了我对开学的新鲜感。

开学第一天，望着周围的新面孔，我不由得有些紧张。第一节课下课了，我看到一个女孩向我的课桌走来。“嗨，我叫霍晓，希望能和你成为朋友。”我对她说：“当然可以，我叫晓彤。”就这样，我认识了霍晓。

中午去食堂吃饭时，看到了一个和我同班的女孩。这一次，我主动打招呼，就这样，我认识了王洋。

下午上活动课时，我站在操场上，一个高个子女孩向我走来，对我说：“我叫杨洁，你想打排球吗？我看你一个人，正好我们也缺人，你愿意吗?”

我和杨洁一起玩，又认识了申嘉、马倩等新同学。

这时候，我才发现这个班上的每一个同学都很友善，我的紧张和戒备纯属多余。我试着和他们做朋友，不一会儿，我便认识了许多人。我觉得，每个人进入新环境，只要自己主动与人交流，真诚待人，便能认识很多新同学。你觉得呢?

【心理分析】走进新的学校，面临的是陌生的校园，面对的是新的同伴。初次见面，给人留下好的印象，就会有一个良好的开端。如果我们以文明的方式，开放、包容的心态，大大方方、积极地与人交往，就会很快结识新同学，减少孤独感。

（2）学会自我克制。“君子忍人所不能忍，容人所不能容，处人所不能处。”对于人与人之间的非原则性问题，我们应当容忍谦让，提倡“得理也要让人”，互相包容、友好相处。对于原则性问题，我们则不能一味容忍退让、委曲求全。

心理体验

当你遇到以下情况时，应该如何处理?

情景1：在楼梯口或球场上发生无意碰撞。

你的处理方式是：______________________________

情景2：同学在聊天，你的意见和想法遭到他人的强烈反对。

你的处理方式是：______________________________

情景3：无意中听到同学在背后说你的坏话。

你的处理方式是：______________________________

（3）进行有效沟通。有效沟通的技巧有：

1）做到相互尊重。只有给予对方尊重才能够更好地沟通。沟通过程中我们要注重表现态度、面部表情、语速、语调，避免打断别人说话，或一味表达自己的观点。

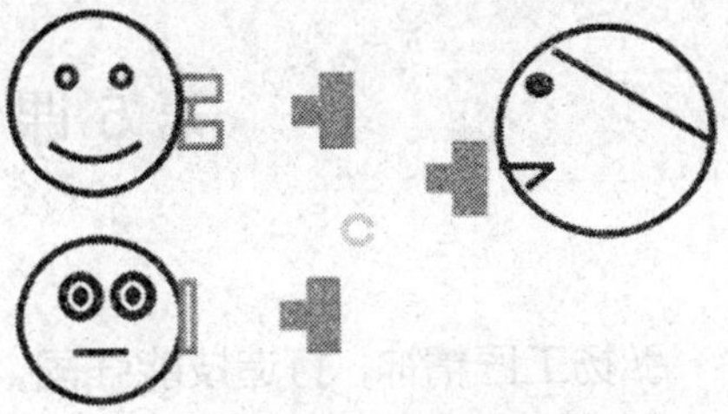

2）真诚交流。真诚地表达内心感受、想法和期望，避免以批评、指责或抱怨的方式来交流。

3）学会用心倾听。只有用心倾听，才能知道对方说话的重点，感知对方的情绪。

课后活动

主动结识新伙伴、建立良好的同伴关系是消除苦闷和孤独感的灵丹妙药。请同学们试着参与下面的活动。

活动一：让同学、老师认识我

全班同学站起来，手拉手，围成一圈，从 1 到 6 开始报数。老师喊："开始找朋友。"快速寻找同号数的同学，手拉手围成一圈，做自我介绍。

活动二：他是谁

请同学在卡片纸上写上自己的姓名、性格、爱好、人生格言、心愿，要求字迹工整。将纸条折好，交到讲台，由同学抽签相互介绍，被介绍同学起立问候大家。全部介绍完之后，同学们按顺序一个个站起来，其他同学说出这位同学的名字、性格特点和兴趣爱好等个人信息。

活动三：滚雪球

8 人一组，从第一个同学开始自我介绍，下一位同学先复述前面同学介绍的内容，再介绍自己，格式如："我是坐在来自某某县（市）、某某中学、爱说爱笑的某某同学左边的，来自某某县（市）、某某中学、爱下象棋的某某。"以此类推，每个同学的名字和特征在重复中被大家牢牢记住。

活动结束后，请同学们谈谈自己被他人介绍时的心理感受。

回想一下自己今天记住了多少新朋友的名字，把他（她）们的名字一一写下来。主动与对方交流，并把感受和体会写下来。

怎样才能尽快记住大家的名字，认识更多的新朋友，说说你的看法吧。

第 5 课　掌握学习成才之道

弘扬工匠精神，打造技能强国，需要一支庞大的知识型、技术型、创新型工匠大军，技工院校正是培养这类人才的摇篮。

我们应当根据自身的兴趣与能力，树立新工匠的职业目标，夯实基础，发展特长；克服学习心理障碍，持之以恒，尽快适应新的学习方式，做一个乐于学习、勤于学习、善于学习的人；以实际行动弘扬工匠精神，练就工匠技艺，用技能塑造自己的工匠人生。

案例导入

宁允展：毫厘之间见“匠心”

“工匠嘛，就要凭实力干活，想办法把活干好。”这是中车四方股份公司动车组钳工高级技师宁允展常挂在嘴边的话。

宁允展是国内从事高铁列车转向架定位臂研磨第一人，精度小到 0.05 毫米，比头发丝还细。他创造了 10 年无次品纪录，他和团队研磨的产品，装上了 800 多列高速动车组，奔驰了 10 亿多公里，相当于绕地球 2.5 万多圈。

如果把高铁列车比作一名长跑运动员，转向架就是它的“腿”，而定位臂作为转向架上构架与车轮之间的接触部位，相当于人的“脚踝”。手工研磨是保证定位臂接触面间隙精准的唯一可行方法。

为挑战这项难度极高的研磨技术，宁允展主动请缨。他几乎不休不眠，只用了一个星期便掌握了外方熟练工人需用数月才能掌握的技术，成为中国高铁转向架定位臂研磨第一人。

能取得这么快的突破，与宁允展的基本功扎实不无关系。“工匠嘛，手上要有‘绝活’，不练怎么行?”宁允展说。除了在公司勤学苦练，他还有一处秘密基地——家里的“小车间”：30 多平方米的小院子里摆满了各式各样的工具，有家用机床、电焊机、打磨机……。这些玩意儿都是他在网上和五金市场上自费买的，就是为了练手艺。有时候，同事、妻子觉得他工作起来有些偏执，有些疯狂。宁允展说，我不是完人，但我的产品一定是完美的，要做到这一点，需要一辈子踏踏实实练手艺。

宁允展所展现出来的刻苦钻研、精益求精、深入研磨的品质，正是对工匠精神的生动诠释。掌握技能学习的特点，寻找一套适合自己的学习方式，才能在学习上实现飞跃。

一、掌握职业技能学习特点

进入技校后，学习内容变了，学习方式也变了。有些同学会感到惊奇，产生学习兴趣；有些同学可能不适应，并产生很大的心理压力。了解技能学习的特点，会帮助我们更好地适应新的学习内容和学习方式。

心理体验

比武台上的专业技能参赛选手个个技术娴熟、自信从容。空调拆装、触电急救、计算机组装、商品包扎、中文书法、点钞、茶艺、中西餐宴会摆台、商务礼仪、西式铺床等各项技能展示都时不时引起台下观众的惊叹：

“10 分钟左右竟然就把原来只是一个空壳的电脑机箱组装完毕了!”

“想不到学生蒙住眼睛都能折出这么精美漂亮的餐巾花来!”

“只是一眨眼的工夫就完成了商品包扎，手法真快!”

“中职生也能泼墨挥毫，挥洒出格调高雅、大气磅礴的毛笔书法作品，真不错!”

“5 分钟不到就把客床铺得如此整齐、舒适、漂亮，真让人羡慕!”

更有些应邀来观摩的单位对这些参赛的技术能手心动不已，纷纷赞叹：

“茶艺表演挺专业的！今年我市举办茶节，我们一定邀请这些学生来表演茶艺！他们不仅会茶艺，还会演奏古筝，非常了不起!”

“这些学生太棒了，我们真希望能够马上和他们签约!”

1. 内容的专业化

我们的学习是在确定专业方向后进行的，因此其职业定向性较为明确，即为将来走上工作岗位、适应社会需要而进行学习。

2. 方式的多样化

普通教育重基础知识，职业教育重操作技能。在这里，除课堂理论学习外，更注重实训操作与社会实践，这种多样化的学习方式为我们提供了更广阔的发展空间。

3. 评价的多元化

通常从三个方面评价：一是学校自身的评价，如通过考试考核的方式，检查学习成果；二是接受社会评价，即通过参加各种技能等级证书的考核鉴定，以获得相应的职业资格，这种评价由专门的社会机构承担；三是企业评价，即企业能否满意，我们能否适应岗位工作的需要，能否受到用人单位的欢迎，这是最根本、最关键的评价。

二、克服常见学习心理障碍

常见的学习心理障碍有：

1. 动机迷茫和缺乏兴趣

新时代的我们个性鲜明，思维活跃，接受新事物的能力强，但是在专业学习上往往学习目标不够明确，学习动机不明，缺乏学习兴趣，学习效果不佳。

2. 习得性无助

所谓“习得性无助”是指个体将失败归因于不可控因素，认为自己在任务面前无能为力，具体表现为冷漠而丧失学习动机，以及行为的退缩。有些同学在初中阶段有过学习失败的体验，将学习能否成功经常归因于像运气这类不可控因素，部分同学更倾向于认为“自己智力与能力比别人低，即使努力也不一定成功”。这样会降低我们对将来成功的期望，低估自己的学习能力，并最终导致对学习的“习得性无助”。

心理案例

停不下来的游戏

方宽是一所技工学校一年级新生，他常说：“读技校能有多大出息？我随便混混算了，学习成绩能及格就行。”他在学习上得过且过，凑合了事，学习成绩越来越差。想到今后一辈子都要从事“没有前途”的职业，他感到越来越灰心丧气，渐渐对周围的人和事产生了强烈的抵触情绪，一心只想钻到游戏世界里忘记现实中的烦恼。老师和他交流谈心，他说：“老师，我确实控制不住自己，一上课心里总想着游戏，想静下心来听课但却静不下来。一玩上游戏，我就收不了手，游戏里的情节倒过来我也能背出，可就是记不住书上的东西，打开书本见到密密麻麻的文字就头晕，不如玩游戏轻松……”

【心理分析】方宽过去失败的学习经历使他对学习产生了消极的态度，这是“习得性无助”的表现。中学学习不行，并不等于现在也不行。很多事实表明：人存在学习能力的差别，有的人学理论知识学不好，但动手操作能力强。一个人找到了合适的学习方向或方式，完全能够学得很好，不要浅尝辄止。

三、掌握有效学习策略

1. 明确学习动机

学习动机是直接推动人学习的内部动因，一般表现为强烈的求知愿望、对未知世界的好奇心及兴趣、认真积极的学习态度等。在现实生活中，我们的学习动机是多种多样的，但只有当学习动机和我们国家、民族的发展目标相一致，才能真正有所作为。

心理案例

为振兴中华学习的钱三强

钱三强是我国的核物理学家。我国原子弹和氢弹的爆炸成功，与钱三强的贡献是分不开的。他在上中学时，读了孙中山的《建国方略》之后，决定学习科学，为振兴中华出力。他原来学的是法语，为了能上用英语讲课的北大预科，仅用一个学期就攻下了英语关。1936 年，他以优异的成绩从清华大学毕业，考取了留法公费生，去法国巴黎大学镭学研究所攻读核物理学，并在核裂变方面有重大发现。1948 年钱三强回国时，他的老师小居里夫妇（居里夫人的女儿和女婿）在他的鉴定书上写道：“我们可以毫不夸大地说，近 10 年来，在我们指导的这一代科学人员中，钱三强是最优秀者！”

【心理分析】钱三强勤奋学习和刻苦钻研的劲头，来自振兴中华、富国强民的正确动机。一个人要把社会、国家的需要与自己的发展结合起来，才会获得更大的发展空间和动力。有了这种动机，学习的劲头才会持续不减，最终为国家发展做出重大贡献。

2. 培养学习兴趣

孔子曾说：“知之者不如好之者，好之者不如乐之者。”兴趣是最好的老师，只有对专业兴趣浓厚，才能促使我们萌发强烈的求知欲，推动我们学好专业知识。同学们要尽快了解本专业的特点，了解本专业在社会发展中的作用，增强学习动机，学好专业课。

心理案例

兴趣是最好的老师

陈行行出生于1989年10月，是中国工程物理研究院机械制造工艺研究所加工中心特聘的高级技师，从事核武器非核零部件加工。他先后荣获全国五一劳动奖章、全国技术能手、四川工匠等荣誉，在第六届全国数控技能大赛中，获加工中心（四轴）职工组第一名。

陈行行从小动手能力特别强，经常把家里的自行车、电视机拆了重新组装。初中毕业后，为了减轻家庭负担，陈行行放弃了读高中考大学的机会，到山东机电学校学汽车维修。也许是家庭环境影响，也许是对机械领域特别感兴趣，课余时间，他在实训场练习操作，脑子里琢磨的全是怎么破解技术难题。

中专毕业后，陈行行来到山东技师学院学习现代模具制造与维修技术。正是这段技工院校的学习经历，让他“找到了值得努力一生的方向”。如何成为复合型的高技能人才，陈行行找到的办法就是不断参加技能大赛，挑战自我。中级焊工、中级钳工、中级制图员、高级制图员、数控铣高级工、数控车技师、加工中心技师和模具设计师……他成了同学眼中名副其实的“考证达人”。

参加工作后，陈行行凭着扎实的技术功底以及灵活的解题思路，不断推陈出新，对设备、程序、加工方法进行优化，不仅提高效率，更提高了质量。

“通过不断拼搏，我改变了命运。”陈行行勉励广大技校生，“技能是技校生的核心竞争力，要充分抓住各种机遇锻炼自己、提高自己，改变命运”，“人的生命只有一次，要努力拼搏，发挥自己的潜力，证明自己的价值”。

【心理分析】一个兴趣浓厚的人，对各种现象和问题会产生好奇感。在学习的过程中，陈行行灌注了全部热情；在工作中，陈行行不断推陈出新，提高效率和质量，发挥了潜力，也证明了自己的价值。

当我们对学习产生浓厚而稳定的兴趣时，就会积极主动地感知与学习有关的事物，对所学事物的观察变得更加敏锐，记忆力加强，想象力丰富，情绪高涨，克服困难的意志增强，长时间从事学习活动也不会感到疲劳。提高学习兴趣，具体我们可以这样来做：

（1）懂得为兴趣“定向”。兴趣不是天生的，需要后天培养。学习是一项环环相扣的工程，不能一味跟着兴趣走，只做感兴趣的事，而要感兴趣地做该做的事，把本来不感兴趣的事做出兴趣来。比如，当学到感觉枯燥的内容时，首先不要抱怨，要积极地自我暗示，为心理感受定向：“这个知识点还没有学懂，再认真看一遍，它一定是很有趣的！”

（2）认真会产生兴趣。认真是兴趣的重要源泉。认真学习自然会取得好的学习成绩，好的成绩会让人兴奋，同时提高自信，带来更浓厚的兴趣。不断认真学习，兴趣就会不断增加。

（3）制订“小目标”激励自己。有人做过这样一个实验：甲乙两人比赛割麦子，任务一样，两人各方面条件相同，只是比赛时裁判先给甲隔几米插一面小红旗，乙没有，比赛结果甲胜乙败。反过来，乙有甲没有，则乙胜甲败。我们要学会给自己的每个早晨、每个晚上、每节课、每节自习、每个假日制订力所能及的小目标，插上激励兴趣的“小红旗”，以此来提高学习效能。

（4）调节自己的情绪。正面积极的情绪可以激发学习兴趣，我们可以从上课、学习、实训开始，给自己施加快乐的意念，避免低落的情绪干扰自己。久而久之，我们可以养成在困难面前满怀兴趣思考、实践的习惯。

心理体验

为我的学习兴趣加热

我不喜欢的科目：＿＿＿＿＿＿＿＿＿＿＿＿

克服学习困扰的办法：＿＿＿＿＿＿＿＿＿＿＿＿

我喜欢的科目：＿＿＿＿＿＿＿＿＿＿＿＿

更上一层楼的办法：＿＿＿＿＿＿＿＿＿＿＿＿

3. 对抗遗忘曲线

记忆是学习的基础，是掌握知识的先决条件，遗忘是记忆的反方面。心理学家通过大量实验发现，及时复习，一天后回忆率为98%，一周后回忆率为88%；如果没有及时复习，一天后回忆率为76%，一周后回忆率为33%。由此可见，对于知识的巩固复习，应争取在遗忘之前进行，才能提高记忆效果，提升学习效率。

进行有效复习的方法是：学习新知识不应"一遍就过"；知识需要及时复习、反复复习，首次复习应尽早进行，往后复习的间隔时间可适当拉长。比如上午学过的内容，晚上回忆一次，过两三天重复一遍，半个月后再重复一遍，到学期末结束前再复习一次，不需要花费太多的时间，就能帮助你轻而易举地记住知识，做到事半功倍。复习时我们应尽可能不只是简单重复，要与思考、分析、动手等结合起来，把理论和实践课程结合起来，将知识融会贯通，增强学习兴趣。

4. 学会正确归因

人对行为结果有寻找原因的倾向称为归因。归因可分为内部归因和外部归因。内部归因的人善于从自身寻找成功与失败的原因，而外部归因的人习惯于把事情的成败归结于外在因素。

不同的归因特点反映了一个人对事情的不同看法，它会影响这个人的行为方式。不合理的归因就像戴了有偏差的眼镜，导致对人、对事情的看法与实际产生偏离。

归因内容与导致的结果

序号	归因内容	归因类型	归因倾向	结果
1	能力	成功归因	能力强	充满信心，势在必得
		失败归因	能力弱	丧失信心，听之任之
2	努力	成功归因	努力	继续努力，争取再胜
		失败归因	努力不够	个人能力和客观环境差
3	任务	成功归因	任务易	提醒自己认真学习
		失败归因	任务难	埋怨客观，寄托于减轻任务
4	运气	成功归因	运气好	侥幸
		失败归因	运气差	自认倒霉

心理体验

请同学们分析两个事例：

事例 1：小李是技校二年级学生，一年级时学习成绩比较好，二年级随着专业课的增加成绩开始下降，她认为成绩不好是因为自己不是学这个专业的料，再努力也没有用。

请思考：

小李归因的不合理之处是：________________

你认为小李以后应怎么做？________________

事例 2：小张竞选班干部落选了，他认为班上的同学都不喜欢他，和他过不去。

小张归因的不合理之处是：________________

你认为小张以后应怎么做？________________

5. 合理安排时间

首先要清楚自己在某段时间内需要完成的事情，制定作息时间表。在表上填写那些固定的事项和时间，如吃饭、睡觉、上课、锻炼等。安排好这些之后，选定合适的、固定的时间用于学习，包括课外阅读和课后作业。同时安排好休息、兴趣爱好、娱乐活动的时间。一张作息时间表不能解决所有问题，但是它能让你有计划地支配时间，提高学习效率。

心理体验

算一算，我每天的时间是怎么分配的？

项目	学习	睡觉	吃饭	课余时间	……
时间					

（1）充分利用课堂时间。学习成绩好的学生得益于在课堂上充分利用时间。在课堂上，我们要认真做好笔记，积极独立思考，跟上老师的思维和课堂进度。

（2）学会安排预习时间。预习时，先把学习内容快速浏览一遍，了解新知识的结构。

注意轻重详略，不太重要的地方可以花少点时间，重要的地方可以适当放慢学习进程。

（3）留足作业和复习时间。要在课后及时复习，不仅要复习老师在课堂上讲授的重要内容，还要复习那些你仍感到模糊的知识。如果坚持定期地复习笔记和课本，并做相关的习题，你就能更深刻地理解这些内容，记忆也会保持更久。

6. 提高思维能力

思维能力既是学习的一种能力，也是学习质量和学习效率的保障。培养思维能力，并在学习中提高思维品质的主要方法有：

（1）逆向思维。运用逆向思维，是培养思维逻辑性的一条重要途径。某时装店的经理不小心将一条高档呢裙烧了一个洞，其价值一落千丈。如果用织补法补救，也只能蒙混过关、欺骗顾客。这位经理突发奇想，干脆在小洞的周围又挖了许多小洞，并精心修饰，将其命名为“凤尾裙”。一下子，“凤尾裙”的销路顿开，该时装店也出了名。逆向思维给时装店带来了可观的经济效益。

（2）善于变通。思维的灵活性是指善于根据事物发展变化的具体情况，审时度势，随机应变，能多角度地思考，运用发散思维或集中思维，及时调整思路，找出符合实际的解决问题的最佳方案。我国古代著名的军事家孙膑所著《孙膑兵法》中到处蕴含着变通的哲学。孙膑本人就是一个善于变通的人。孙膑初到魏国时，魏王召集众臣要当面考察孙膑的智谋。魏王坐在宝座上，对孙膑说：“你有什么办法让我从座位上下来吗?”孙膑说：“大王坐在上面，我是没有办法让大王下来的。不过，大王如果是在下面，我却有办法让大王坐上去。”魏王听了，得意扬扬地说“那好”，说着就从座位上走了下来，“我倒要看看你有什么办法让我坐上去”。周围的大臣一时没有反应过来，也都嘲笑孙膑自不量力，等着看他的洋相。这时候，孙膑却说：“我已经让大王从座位上下来了。”大家恍然大悟，对孙膑连连称赞。魏王也对孙膑刮目相看，孙膑很快得到了魏王的重用。

（3）标新立异。知识的发展有待于创造。思维的独创性表现为思路开阔，灵活新奇，有独特丰富的想象力，善于联想，长于类比，在心理上表现为有强烈的创造愿望。美国有一位名叫卢托的年轻制瓶人。某天，他的女朋友穿了一条膝盖上面部分较窄、腰部显得有吸引力的裙子。他觉得这条裙子线条优美，同时想到做这种形态的瓶子也许会很有意思。半个月后，新款瓶子终于做出来了。1923 年，卢托将这种瓶子的专利权卖给可口可乐公司，可口可乐的瓶子就这样诞生了。

（4）统筹全局。思维的整体性包括广阔性和综合性，它与片面性和单一性相对立。在认识和处理问题的时候，不要把视线只盯住一点、一线、一面上，而是扩展思维的空间范围，不要“管中窥豹”。

7. 树立学习新理念

（1）自主学习理念。要学会根据专业特点，合理确定学习目标，科学安排学习时间，掌握正确的学习方法，全面提高自主学习能力。

（2）全面学习理念。学习不仅是掌握课堂知识、向书本学习，还要向实践学习、向生活学习，锻炼动手能力，提高实践本领，学会关心他人、尊重他人，学会与他人协作。

（3）创新学习理念。创新学习是一种以求真务实为基础，采取创造性方法，积极追求创造性成果的学习。在学习过程中，不仅要善于组合、加工、消化已有知识，而且要力求有所发现、有所发明、有所创造。勇敢地追求真理，掌握客观事物的发展规律，养成科学的创造性思维习惯。

（4）终身学习理念。当今世界的科技发展日新月异，知识、信息的更新和增长空前快速。我们已经进入了终身学习的时代，因此要树立终身求知、终身学习的理念。

课后活动

学习经验大分享

请把你的学习经验与大家一起分享：

经验 1：敢于提问，积极发言。

经验 2：____。

经验 3：____。

…………

成长篇

· 第 6 课　尝试为自我来画像
· 第 7 课　克服自卑培养自信
· 第 8 课　学会管理自我情绪
· 第 9 课　培养习惯成就未来
· 第 10 课　挑战挫折磨炼意志

第 6 课　尝试为自我来画像

你是否发觉好久没有人叫你小朋友了？恭喜你，你长大了。年轻的你，身体开始成熟，敏锐的心灵在积极探索世界的同时，也把目光投向了自己：“我是谁？”“我是个什么样的人？”“别人眼中的我是什么样的？”

不必感到困惑，你已经开始认识“自我”，你的心理正在走向成熟。只有正确认识自己，才能充满自信，使人生的航船不迷失方向；只有正确认识自己，才能正确确定人生的奋斗目标，并充满自信地为之奋斗终生，无怨无悔。

案例导入

为自己画一幅肖像

编辑部有一位美编，他的人物肖像画得非常好。公司里的同事他几乎都给画过，可奇怪的是，他从未给自己画过一幅肖像。问及原因，他说画不好。

同事心生诧异：“这有什么难的？”

他笑着回答说：“画别人，即使是一个陌生人，只要仔细观察，捕捉到他细微的神态特征，必定能把他画好。可是画自己，却怎么也画不好。做个游戏吧，你闭上眼睛，试试回忆一下母亲的模样。”同事照做了，母亲慈爱的眼神、温暖的笑容便浮现在面前。

美编忽然对同事说：“现在，想象一下你自己。”咦，思维瞬间凝滞了。同事只记得自己穿什么衣服，却怎么也记不起眉毛、眼睛具体的样子。原来，在这个世界上，我们最不了解的人，竟然是我们自己！

美编接着说：“也许我得借别人的画笔给自己画一幅像，把自己当成别人来欣赏，那样，或许就可以成功地为自己画一幅像了。”

人生的第一要事是认识自己、看清自己。一个人只有认识自我，拥有真正的自尊和自信，才能懂得人生的意义，心灵不会轻易被外界困扰。

一、自我意识

“认识自我”这句镌刻在古希腊神庙里的碑铭犹如千年不熄的火炬，表达了人类与生俱来的内在需求，是人生终极的思考命题。在我国，老子也提出“知人者智，自知者明”。正确认识自我有助于规划好职业生涯，定位好人生目标。

1. 自我意识的含义

自我意识是指一个人对自己身心活动的觉察，即自己对自己的认识、所持的观点和看法，具体包括认识自己的生理状况、心理特征以及自己与他人的关系。自我意识是个体意识发展的高级阶段，是一个人心理成熟和心理健康的重要标志。自我意识的形成和成熟使得人由被动走向主动，由感性走向理性。

2. 自我意识的发展

每个人给自己的画像从无到有，从初级到高级，大体经历以下三个阶段：

（1）描绘生理自我。描绘生理自我是个体对自己躯体的认识，包括占有感、支配感和爱护感。人们有时把描绘生理自我阶段称为自我中心期，这个阶段的自我意识以自我感觉的形式表现出来，即行为上以自我为中心，以自己的想法来解释外界的现象，认为外部世界是为自我而存在。这个阶段始于出生后 8 个月左右，至 3 岁左右结束。

（2）描绘社会自我。描绘社会自我从 3 岁到青春期，个体通过学前教育和学校教育接受社会文化的影响，增强社会意识，认识到自己是社会的一员，尽量使自己的行为符合社会的标准。

（3）描绘心理自我。描绘心理自我从十四五岁到成年，大约持续 10 年或更长的时间，这个阶段我们的性意识开始觉醒，抽象思维能力和想象力大大提高。生理和心理上急剧地发展变化，促进了自我意识的成熟，我们开始进入心理自我的时期。心理自我是个人逐渐脱离对成人的依赖，并从成人的保护、管制下独立出来，表现出自我意识的主动性与独立性，强调自我的价值与理想。这是自我意识发展的最后阶段。

二、完善的自我意识

完善的自我意识是指人们依据周围环境的发展而形成的有关自己的全面认识，以及积极的情感和态度。由于自我意识的存在，我们会不由自主地对自我做出积极或消极的评价，这影响着我们对自我的情感和态度，指导着我们的行为。

完善的自我意识能根据环境的变化主动独立地评价自己，对自己的评价与现实状况保持协调一致，积极地肯定自己和愉快地接纳自己，注重自我发展，与周围环境的关系和谐。一般来讲，是否具有健康的自我意识可以用以下五条标准参考。

1. 我是一个自我肯定、自我统合的人。

2. 我是一个自我认识、自我体验协调一致的人。

3. 我是一个意识独立、同时又与外界保持协调的人。

4. 我是一个注重自我发展、自我具有灵活性的人。

5. 我是一个不仅自己健康发展而且能促进周围的人共同进步的人。

心理体验

1. 看一看你头脑中关于“自我”的意识。

如果你告诉别人20件关于自己的事，使别人清楚地了解你，你会告诉他们什么？你的个性？社会背景？生理特征？爱好？你拥有的东西？你亲近的人？试将你的答案填写在下面的横线上。

____

____

____

____

____

你所写的，就是你头脑中的“自己”，是你的自我意识。

2. 对照正确的自我意识的标准，检查一下，你的自我意识是否正确？你是否有一个健康的自我形象？如果不是，想一想，问题出在哪里？该如何修正？

三、培养正确的自我意识

老子曰：“知人者智，自知者明。”知己比知人更难，了解自己，需要具有比了解别人更高的智慧和更多的勇气。

1. 客观地评价自己

生活是不断变化的，我们要不断地发现新的自我，重新审视和评价自己，检查和修正我们已有的自知。

心理案例

不敢回答问题的同学

李玉的学习成绩一直很优秀，但是上课很少回答问题。有一次上语文课，老师让她念一篇自己写的作文，她涨红了脸，读错了好几处，读完了还好长时间不敢抬起头来。老师通过与她谈心才知道，她原来在一个偏远的山村读书，有一次她回答问题时思路不清楚，有点口吃，同学笑她笨，她以后就再也没主动回答过问题。

当老师问她想不想改变的时候，她说："有可能吗？我一直以来就是一个不敢当众讲话、表达能力差的人。"老师说："只要你愿意改变，我可以帮助你。"从那以后，每堂课老师都让她回答问题。慢慢地，她的表达由不流利到流利，表情由紧张到自如，出现了奇迹般的变化。

几个月过去了，在学校组织的"五四"青年节演讲比赛上，她获得了一等奖。比赛结束后，她对老师说："谢谢您，没想到我居然也敢上台演讲，还取得了这么好的成绩。"

【心理分析】想要改变自己，就要重新评价、了解自己，要用全面发展的观点了解、评价自己。不是所有的"经验"都能真实地反映自我，而且人是在不断成长、改变的。客观地评价自我是成功的基础，错误的自我认知是我们前进的绊脚石。

鲁迅说："我的确时时刻刻在解剖别人，然而更多的是更无情地解剖自己。"让我们尝试用下面的方法和途径来客观评价自己。

（1）通过与他人比较了解自己。"以铜为镜，可以正衣冠；以史为镜，可以知兴替；以人为镜，可以明得失。"我们要积极与他人交往，在比较中认识自己，形成对自己的评价。我们应该选定恰当的对象进行比较，运用发展的眼光、辩证的方法去比较，才能得到对真实自我的评价。

（2）通过他人的评价了解自己。我们在评价自己时，往往受我们的个性特征和生活环境的影响，不免会出现偏差。只有积极地观察他人对自己的态度，了解他人对自己的评价，然后进行思考和判断，才能真正了解自己。

我们要正确对待他人的评价。对他人的评价我们要独立思考，具体分析，正确对待。受到赞扬不要得意忘形；遭到贬低不要闷闷不乐，更不必因此对他人采取疏远、排斥甚至对立的态度。要实事求是，有则改之，无则加勉。

（3）通过自我反省了解自己。孔子的弟子曾子说："吾日三省吾身。"意思是他每天多次反省自己。把自己作为考察对象，分析情绪和行为、成功和失败的原因，才能了解自己真实的内心，以及真正的优势和不足。

（4）通过实践结果了解自己。实践是我们了解自己、证明自我认知的途径。我们要在实践中不断发现新的"自我"，并用实践来检验我们头脑中的"自我"是不是与现实情况一致。

（5）通过科学测验了解自己。我们可以通过一些较为成熟的、可信度较高的生理、心理测验来了解自己的各方面情况，如心理特征、智力水平、人格特征、心理健康水平等。

2. 愉快地接纳自我

自尊是个体对自身整体状况的满意水平，是个人按照一定的价值标准对自己评判后获得的自我价值感。悦纳自己，体现着自尊。学会自尊就要接纳自我，即能欣然接受自己现实中的状况，不因自身的优点而骄傲，也不因自身的缺点而自卑。

心理案例

青翠可爱的小草

有位园丁，在一天早晨去花园的时候，发现所有的花草树木都枯萎了，他非常诧异，就问花园门口的橡树究竟出了什么事？原来，橡树因为自怨没有松树那样高大挺拔就生出厌世之心，不想活了；松树恨自己不像葡萄藤那样结果子而沮丧；葡萄藤终日匍匐在地，不能直立，又不能像桃树那样绽开美丽的花朵，也很伤心；牵牛花也苦恼着，因为它自叹没有丁香那样芬芳……其余的树木也都有垂头丧气的理由，都埋怨自己不如别人。

这时，园丁发现只有一棵小草长得青翠可爱。于是问它："你为什么没有沮丧？"小草回答："我没有一丝灰心、一丝失望。我在此园中虽然算不上重要，但是我知道，你需要一棵橡树、松树或者葡萄藤、桃树，或者牵牛花、丁香，我也知道你也需要我这棵小小的草，于是，我就心满意足地吸收阳光雨露，使自己天天长大。"

【心理分析】小草在常人看来是微不足道的，却因为对自己持有积极与肯定的态度，生命充满活力，洋溢着幸福与快乐。对自己持有满意的态度，相信自我存在的价值，积极肯定自己，是一个人进步的动力。

学会悦纳自我就要学会欣赏自己，并把握恰当的尺度。

（1）学会欣赏自己的独特美。我们经常听见有人说："我要是某某就好了。"除了对他人某方面的羡慕之外，更多的是对自己不满意。更有甚者，觉得自己一无是处，生活没有目标，整天生活在无所事事之中。我们往往能看到他人的长处，是否也能将欣赏的眼光投向自己呢？

上天为你关上一扇门的时候，就会开启一扇窗。不用羡慕别人，相信自己有许多优点，用心去发现，你就会拥有改变自己的力量，让自己变得美丽。

心理体验

写下你所仰慕的名人的优缺点，再写下自己的优缺点，然后做一个对比。

名人的优点：________________

名人的缺点：________________

我的优点：________________

我的缺点：________________

也许你会发觉，你的某一长处竟是他们所缺少的，原来，我们总有别人没有的优点。

（2）悦纳自己，把握尺度。古语说"过犹不及"，过度看高自己是自负，过低看轻自己是自卑。我们在悦纳自己时要注意把握尺度，既不要遇到挫折怨天尤人；也不要把自己的缺点看作"小问题"，听不进别人的意见和建议，或者自我膨胀，陶醉于现状、不思进取。

心理案例

得意忘形的狐狸

有只不可一世的狐狸，总认为自己是森林中最伟大的动物。有一天下午，它独自散步，走着走着，它捡到了一个放大镜，意外地发现了自己的身影巨大。这个新发现让它很高兴，使它更相信自己是森林中最了不起的动物。正在得意忘形之际，来了一只狮子。看到狮子时，它一点都不怕，它拿自己的影子和狮子的影子相比较，结果发现自己的影子比狮子的还大，就不理睬狮子，自得其乐地继续散步。没想到，狮子趁它毫无防备，一跃而上，把得意忘形的狐狸咬死了。

【心理分析】狐狸正是没有正确认识自己，过度看高自己，得意忘形，导致最后被狮子咬死。我们要对自己的缺点和不足持客观的态度，坦然承认，并致力于改正或弥补，才是对自己真正的悦纳。

愉快地接纳自己，我们可以参考以下几种方法：

1）早晨起来后，应当下定决心，要愉快地过好这一天。

2）正确地分析自身的优点与缺点。

3）一定要记住，没有人会让所有人喜欢。如果对别人在每一件事上都言听计从，则难以找到真正的自我。

3. 塑造并完善自我

塑造并完善自我，是我们成长的需要，更是我们一生要面对的课题。

（1）合理定位理想自我。人们心中有两个自我——现实自我和理想自我。理想自我是我们完善自己的目标，合理定位理想自我是完善自我的前提条件。

心理案例

提前转正的实习生

职业学校毕业后，小陈在一家贸易公司工作。她和许多应届毕业生一样都是实习生的身份，不同的是，小陈从踏进公司的那一刻就已经全力以赴地为自己的职业生涯做准备了。

为了能让自己的工作更有成效，她对公司的发展目标、经营方针、组织结构、销售方式等进行了全面的了解；为了提高自己的职业能力，她积极主动地向同事们请教问题；在完成本职工作的前提下，她还主动承担其他力所能及的事务；她按照正式员工的标准来要求自己，每天下班前写好工作总结和第二天的工作计划。一同实习的同学私底下议论小陈，个别关系好的提醒她：领导看不到的时候没有必要那么辛苦。

半年后的一天，由于临时变动，老板提前一天向办公室主任要香港会议需要的资料。负责材料的同事还没有准备好，老板一看是这样的情况，拂袖而去。

正当主任一筹莫展的时候，小谢拿出一份资料交给他，说："这是我准备的，您看能用不？"主任一看，这份资料既全面又详尽，比正式职员准备得还好。几天后，老板从香港回来后，小陈成了正式员工。

【心理分析】俗话说：早起的鸟儿有虫吃。凡是提前做好准备，就能比别人更快进入工作状态，更快适应环境，找到正确的道路，达到理想的目标。小陈在还未成为正式员工之前，就已经进入了正式员工的工作状态，她不断完善自己、提升自己的能力，脚踏实地完成工作，最终在实习生中脱颖而出，成为正式员工。

合理的理想自我应该是与社会需要和谐一致的自我，应该是通过努力能够达到的自我。理想自我应摒弃功利，注重人格的完善，而不是单纯地追求"功成名就"。

（2）加强自我控制能力。古希腊哲学家柏拉图提出："节制是一种秩序，一种对快乐和欲望的控制。"自我控制是个人对自身心理和行为的主动控制，是个体自觉地选择目标，在没有外界监督的情况下，适当地控制和调节自己的行为，抑制活动、抵制诱惑、延迟满足，坚持不懈地努力实现目标的一种综合能力，是自我意识的重要部分，也是自我意识成熟的最高标志。

心理体验

为自我来画像

理想中的自我：

在学业上________________

在为人上________________

在性格上________________

在身体上________________

在职业技能上________________

现实中的自我：

在学业上________________

在为人上________________

在性格上________________

在身体上________________________________

在职业技能上______________________________

心理案例

爱地巴跑圈

在古老的东方，有一个叫爱地巴的人，每次和人起争执的时候，就快速地跑回家，绕着自己的房子和土地跑三圈，然后坐在田边喘气。爱地巴工作非常努力，他的房子越来越大，土地也越来越广，但不管房地有多大，只要一与人发生矛盾，他还是会绕着房子和土地跑三圈。认识他的人很疑惑：为什么每次生气都绕三圈？但不管他们怎么问，爱地巴都不愿意明说。

直到有一天，年老的爱地巴拄着拐杖艰难地绕着广阔的房地，等他好不容易走完三圈，太阳都下山了。孙子在旁边恳求他："阿公，您年纪大了，附近地区也没有人的土地比您的更大，您不能像以前一样，一生气就绕着土地走啊！您能不能告诉我，您为什么要绕三圈呢？"

爱地巴经不住孙子的恳请，终于道出了多年的秘密："年轻时，我若和人争论、吵架、生气，我就绕着自己的房子和土地跑三圈。我边跑边想，自己的房子这么小，土地这么少，哪有时间和精力去跟别人生气呢？一想到这里，我的气就消了，也就有了更多的时间和精力来工作和学习了。"

孙子又问；"阿公！您现在都成了最富有的人了，为什么还要绕着房子和土地跑呢？"

爱地巴笑着说："边跑我就边想啊，我的房子这么大，土地这么多，又何必和人计较呢？一想到这里我的气也就消了。"

【心理分析】爱地巴每次与人起争执的时候，都能快速抽离，用自罚性的跑步来宣泄情绪，为坏情绪找到一个出口，从而使自己的心情迅速恢复，将精力投入工作、生活当中，这是爱地巴自我控制的结果，也是一个人心理成熟的标志。

要提高自我的控制能力，我们就要对欲望懂得延迟满足，做欲望的主人。对不良情绪和行为进行调节和疏导，使自己的情绪处于相对稳定的状态，行为在理智的控制之下。要养成今日事今日毕的习惯，才能令我们离目标越来越近。对不良环境，我们不要一味地埋怨、指责，而要用积极的行动来改善环境。

(3) 不断完善实现自我。许多人不能够完善自己，并不是因为没有目标，而是没有坚持朝着目标努力，半途而废了。

心理案例

我要成为一名技术工人

中考失利的小黄选择一所技校就读。听说一位老乡技校毕业后在外资企业当技术工人，工资待遇不错，很受器重，这让他觉得生活有了新的奔头。他主动找到老师，表达了自己想当技术工人的愿望，请老师督促自己，并要求自己每天进步“一点点”。渐渐地，他明确了择业方向，并将其与学习目标挂钩，学得越来越有劲，成绩也逐步提高。他的努力终于得到回报，毕业时，因成绩优异被一家大型企业聘为技术工人。他自信地说，他要继续努力，力争成为一名优秀的技师。

【心理分析】积极选择未来的路，找到切合实际的发展目标，并为此而努力，使小黄顺利实现了自己的梦想，自身也日趋成熟。

完善自我是自我在正确认识自己的基础上，自觉规划行为目标，主动调节自身行为，积极改造自己的个性。超越自我必须学会用积极的心态看待问题，客观公正地看待事物，主动克服自己的短处，进行积极的自我尝试。完善和超越自我是一个长期的过程，我们必须坚持不懈，才能最终实现自己的人生目标。

课后活动

用人生曲线探索人生过程

1. 全班分组，每 6 人一组，每组先选出一名组长。

2. 教师先说明用人生曲线探索自己人生过程的意义。要求大家画 1 个坐标，横坐标表示年龄，纵坐标表示生活的满意程度。然后找出自己生活中一些重要的转折点，或人生最重要（最快乐或最痛苦）的时刻或事件，连成线，边看着线边反省。同时，将未来人生的趋向用虚线表示，可以写出你在未来日子里最渴望达到的目标，数目不限。

3. 理解了上述任务后，请大家闭上眼睛，安静地回忆自己人生中最快乐（或最痛苦）的时刻或事件。

4. 大约 5 分钟后，请大家睁开眼睛，依次在小组内（5～6 人）向他人介绍自己的人生，讲述自己的经历。其他成员帮助讲述者界定他此时此刻的内心感受，并分析快乐或痛苦的原因，认清过去的经历对现在的影响，探索目前的生活处境与存在的问题。

5. 通过相互交流，了解每个人的人生经历，尝试理解他人。

6. 交流结束时，小组派代表交流自己的活动感受。

第 7 课　克服自卑培养自信

自信就像是一根柱子，能撑起青春的天空；自信就像是一片阳光，能照亮前进的道路；自信就像是一艘巨轮，能驶向胜利的彼岸。 正如爱迪生说的：“自信是成功的第一秘诀。”

一分自信，一分成功；一分自卑，一分失败。 一个人要想获得成功必须具有坚定的自信心。 自信使我们快乐，自信使我们敢于挑战自我，自信使我们拥有勇气，自信使我们获得快乐，自信让我们拥有美好的明天！

案例导入

美丽的蝴蝶结

有个姑娘觉得自己长得不够漂亮，总爱低着头。有一天，她到饰物店买了只粉色蝴蝶结，店主不断赞美她戴上蝴蝶结挺漂亮。小姑娘虽不信，但是挺高兴，不由得昂起了头，因为急于让大家看看，出门与人撞了一下都没在意。

小姑娘走进教室，迎面碰上了她的老师。老师说：“你昂起头来真美！”那一天，她得到了许多人的赞美。她想一定是蝴蝶结的功劳。回到家，她开心地告诉妈妈她今天得到了那么多人的赞美，因为她有一只美丽的蝴蝶结。可妈妈说，你的蝴蝶结呢，快拿出来给妈妈看看。小姑娘说，它就在我的头上啊。妈妈说，哪有啊，你头上什么都没有呢。小姑娘说，怎么可能。她跑到镜前，真的，头上根本就没有蝴蝶结，一定是走出饰物店时被人碰掉了。小姑娘呆住了。原来她得到的赞美与那只美丽的蝴蝶结毫无关系。

自信原本就是一种美丽，这种美丽不在于头上有没有戴蝴蝶结，而在于我们心中是否有个“蝴蝶结”。正如一位企业家说过：“我们不必羡慕他人的才能，也无须悲叹自己的平庸，各人都有自己的个性魅力。最重要的，就是认识自己的个性，而加以发展。”

一、自卑与自信

在人生中，自卑与自信是不同倾向的两种心理现象。我们如果缺乏自信心，在困难面前就会退缩，产生自卑心理，看不到自己的力量，总认为自己各方面不如人。自信是人对自己的个性心理与社会角色进行的一种积极评价的结果。它是一个人有能力或能采用某种有效手段完成某项任务、解决某个问题的信念。自信是成功的阶梯，是每一个成功者应具备的品质。

1. 自卑是成功的绊脚石

自卑是一种消极的自我评价或自我意识。

一个自卑的人往往看轻自己、怀疑自己，过低评价自己的形象、能力和品质，总是拿自己的弱点和别人的强处比，觉得自己事事不如人，时常感到自惭形秽、缺少勇气。

自卑的人会丧失自信，悲观失望，不但很难取得成绩，还会损害健康的情绪，导致生活质量下降，难以适应社会生活等。

世界上没有十全十美的人，也没有十全十美的事，接受瑕疵或不足，不必强求完美，也不必因瑕疵或不足而自卑。我们每个人都有自己的特长，只要做到扬长避短，一样可以实现梦想。

心理体验

在成长的过程中，自卑心理困扰过你吗？

(1) 不相信自己的能力，看不到自己的优点和长处。

（2）在公众场所不敢展示自己，怕暴露自己的缺点。

（3）不敢大胆表达自己的观点，不敢面对大众讲话。

（4）怕与别人交流时遭到别人的不理解和不理睬。

（5）对自己的外表（五官、身材）不自信，不愿参加社交活动。

（6）认为自己的成绩不如他人，在别人面前抬不起头。

（7）认为自己做不好，得不到别人的肯定。

2. 自信是成功的垫脚石

自信心是人们对自己的力量和能力，包括潜能的正确认识和充分评价。它是心理健康的重要标志，也是取得成功必须具备的心理特质。自信心强的人相信自己的价值与能力，善于看到自己的长处和优点。

自信心是自我表现的重要组成部分，也是成功者最重要的心理品质，常常作为人才评价的综合指标。一个人若有足够的自信心，就会自尊、自爱、自立、自强，终能成才。

心理案例

小个子大英雄

2019年，94岁高龄老兵李安甫走进天安门城楼，看着城墙往事历历在目，感慨万千。

七七事变后，中国开始全面抗战。12岁的李安甫报名入伍，因年龄与个子矮小的缘故，部队没有收他，看着同行的小伙伴穿上军装，李安甫心急如焚。第二年，他再次报名入伍，由于在家跟着军人父亲学习过射击，这次，李安甫展示了他的射击本领，如愿加入八路军。

个子小，具体能做什么？一开始，李安甫成了一名司号兵，负责在战斗中吹响进攻的号角，为全军战士加油打气。后来，李安甫被招进了武工队，开启了一段传奇的暗杀故事。

李安甫枪法准，是有名的神枪手。凭借聪明伶俐和身高优势，李安甫成了刺杀日本头目的首要人选。

日军驻乐陵第一任宪兵队长茨谷五雄无恶不作，训练方式极为残忍，经常抓来平民百姓做日军训练的人体“活人靶子”，武工队决定除掉他。

一大早，事先打探好敌情的李安甫藏进了胡同里，等着目标出现。没过多久，茨谷五雄果然来了。看着他越走越近，李安甫的心扑通直跳，拳头不由自主地攥了起来。待队长一发信号，他稳了稳神，向茨谷五雄迎面走去。走到他面前时，李安甫朝茨谷五雄鞠了一躬。由于李安甫个子小，还特意戴上了红领巾，茨谷五雄以为他是一名小学生，满意地拍着李安甫的头：“你，大大地好!”李安甫笑眯眯地迎合他，就在擦肩而过时，他迅速拔枪朝他心脏部位打了一枪，然后沿着事先侦察好的路线，一溜烟跑回了家。也就一刻钟工夫，日军警报拉响，县城戒严，四门紧闭，日军抓了 4 天结果一无所获。谁都不会想到，“小学生”杀死了日本军官。

此后，李安甫先后刺杀 7 名日本军官。抗日战争结束后，李安甫还参加了解放战争和抗美援朝战争，并多次立功，被授予“一级人民英雄”“全国战斗英雄”等 10 多个荣誉称号，获得大大小小军功章 29 枚。

【心理分析】个子小，是劣势，也是优势。李安甫老人当兵因为个子小被拒之门外，但聪明的他利用身高作掩护，加上优秀的射击技术，屡屡立功，把身高变为了制胜的优势，成了对敌斗争的“利器”。

二、增强自信心

自信并不是与生俱来的，需要努力培养。当我们认识到自信心不足或盲目自信时，可以通过科学的训练方法增强或调整自信心。

1. 正确认识自我

正确地认识自我需要对自己有全面的了解，要做到既不自卑也不自负。对自己的错误认知是自信的敌人，真正的自信是建立在对自我的正确认识的基础之上的。

心理案例

五根手指的争吵

一天，五根手指在一起闲着没事，就谁是最优秀的话题争吵起来。

拇指说："我在咱们五个当中是最棒的，你们看，首先，我是最粗最壮的一个，无论赞扬谁、夸奖谁，都把我竖起来，所以我是最棒的。"

这时，食指站了出来说："咱们五个中我是最厉害的，谁要是出现错误，谁有不对的地方，我都会把他指出来。"

中指拍拍胸脯骄傲地说："看你们一个个矮的矮、小的小，哪有一个像样的，其实我才是真正顶天立地的英雄。"

到无名指了，他更是不服气："你们都别说了，人们最信任的就属我了，你们看，当一对情侣喜结良缘的时候，那颗代表着真爱的钻戒不都戴在我的身上嘛！"

到了小指，别看他矮矮矬矬的，可最有精神，他说："你们都别说了，看我长得小么！当每个人虔诚祈祷的时候不都把我放在最前面吗？"

【心理分析】"尺有所短，寸有所长。"五根手指的争吵虽然可笑，但让我们联想到每个人都有自己的长处和不足，关键是如何看待。

心理体验

1. 自我评价：我有哪些优缺点？

我认为我的优点有：(1) ____________________

(2) ____________________

我认为我的缺点有：(1) ____________________

(2) ____________________

2. 同学评价：我有哪些优缺点？

同学认为我的优点有：(1) ____________________

(2) ____________________

同学认为我的缺点有：(1) ____________________

(2) ____________________

3. 填空

（1）虽然我__________________，但是我__________________。

（2）虽然我__________________，但是我__________________。

（3）虽然我__________________，但是我__________________。

（4）…………

2. 有效树立自信心

周恩来总理曾经说过："我们爱我们的民族，这是我们自信心的源泉。"中华民族拥有5 000多年的悠久历史和灿烂文化，在人类文明史上独树一帜。中华优秀传统文化讲仁爱、重民本、守诚信、崇正义、尚和合、求大同的价值追求，有着穿越时空的恒久魅力，是我们民族的"根"和"魂"，也是中国人自信的底气。纵观历史，中华民族始终是一个有志气、有自信的民族。树立个人自信心，要了解中华文明历史、传承中华优秀文化。

培养个人自信心，还有以下方法：

（1）心理暗示法。自信心是一种心理状态，可以用心理暗示法引导。我们用正面、自信的语言反复暗示自己，这些信息会在大脑潜意识地根植下来。这是建立自信心的高效方式。许多世界冠军在走上赛场时，他们心中总在重复一个信念："我第一，我是冠军!"在日常的学习、竞赛、社交等活动中，我们可以在心理上不断地暗示自己"我能行""我要赢""我能成功""我能得到尊敬"等。

心理案例

手握自信

大型演唱会正在进行，有位歌手首次登台，他心情有些紧张，很怕忘词。前辈见状，随手将一个纸卷塞给他，告诉他忘词时可以看，结果他在台上发挥得很好。下台后，他打开纸卷，发现竟然是一张白纸！他不解地问前辈，前辈说："你握住的是自信。"

【心理分析】首次登场，没有经验，难免紧张。长辈给歌手吃了一颗定心丸，给了歌手信心和力量，消除内心的顾忌和紧张，完美地发挥自己的能力。

（2）自我锻炼法。克服自卑，增强自信，我们不妨试试自我锻炼的方法。建议每天早晨六点半起床，选择一个独立的空间，大声说出鼓励自己的话，然后开展体育锻炼。长时间的晨练可以有效地振奋精神、增强自信心。

心理案例

晨练造就“主持人”

小莉天生内向胆小，见了生人脸红不敢说话，经常招来同学的嘲笑，为此她感到苦恼，并下决心改变自己。心理课上，老师向同学们介绍了树立自信心的方法——“六点半疗法”。从此，她坚持每天早晨六点半起床，跑到离家较近的江边，然后找一个不影响别人的地方，大声朗读催人奋发向上的文章。从《演讲与口才》到《读者》，从抒情散文到各种诗歌，一读就是三年！三年后，她不仅变得大方自信了，而且具备了演讲特长，成为学校各类大型活动的主持人。

【心理分析】小莉能清楚地认识到自己的缺点，并用正确的方法锻炼自己，最后获得了成功。应该说，增强自信、提高能力是关键。通过科学的方法和不懈的努力，提高自己的能力，不断取得进步，才能逐渐提升信心，取得成功。

（3）名人激励法。榜样的力量是无穷的，很多成功名人的传奇故事能够帮助我们找到勇气和力量，从而增强自信。他们的成功从来都不是一帆风顺的，也都经历过树立信心、战胜迷茫和挫折的过程。

心理案例

“共和国勋章”获得者黄旭华：终生报国不言悔

花白的头发、和蔼的笑容、温和的言语……93 岁的中国工程院院士黄旭华看起来朴实无华。作为第一代攻击型核潜艇和战略导弹核潜艇总设计师，黄旭华仿佛将“惊涛骇浪”的功勋“深潜”在了人生的大海之中。

1926 年，黄旭华出生在广东汕尾。上小学时，正值抗战时期，海边少年就此立下报国之愿。

新中国成立初期，掌握核垄断技术的超级大国不断施加核威慑，中央决定组织力量自主研制核潜艇。黄旭华有幸成为研制团队人员之一。

核潜艇，是集海底核电站、海底导弹发射场和海底城市于一体的尖端工程。

“当时，我们只搞过几年苏式仿制潜艇，核潜艇和潜艇有着根本区别，核潜艇什么模样，大家都没见过，对内部结构更是一无所知。”黄旭华回忆说。

在开始探索核潜艇艇体线型方案时，黄旭华碰到的第一个难题就是艇型。最终他选择了最先进、也是难度最大的水滴线型艇体。

黄旭华通过大量的水池拖曳和风洞试验，取得了丰富的试验数据，为论证艇体方案的可行性奠定了坚实基础。“计算数据，当时还没有手摇计算机，我们初期只能依靠算盘。每一组数字由两组人计算，答案相同才能通过。常常为了一个数据会日夜不停地计算。”黄旭华回忆说。

核潜艇技术复杂，配套系统和设备成千上万。为了在艇内合理布置数以万计的设备、仪表、附件，黄旭华不断调整、修改、完善，让艇内 100 多公里长的电缆、管道各就其位，为缩短建造工期打下坚实基础。

用最“土”的办法来解决最尖端的技术问题，是黄旭华和他的团队克难攻坚的法宝。

除了用算盘计算数据，他们还采取用秤称重的方法：要求所有上艇设备都要过秤，安装中的边角余料也要一一过秤。几年的建造过程，天天如此，使核潜艇下水后的数值和设计值几乎吻合……

正是这种精神，激励黄旭华团队一步到位，将核动力和水滴艇体相结合，研制出我国水滴型核动力潜艇。

核潜艇战斗力的关键在于极限深潜。然而，极限深潜试验的风险非常高。美国就曾有一艘核潜艇在深潜试验中沉没。

在核潜艇极限深潜试验中，黄旭华亲自上艇参与试验，成为当时世界上核潜艇总设计师亲自下水做深潜试验的第一人。

黄旭华和团队于 1970 年研制出我国第一艘核潜艇，各项性能均超过美国 1954 年的第一艘核潜艇。建造周期之短，在世界核潜艇发展史上是罕见的。同年 12 月 26 日，当凝结了成千上万研制人员心血的庞然大物顺利下水，黄旭华禁不住热泪长流。核潜艇一万年也要搞出来的伟大誓言，新中国用了不到一代人的时间就实现了……

【心理分析】远离家乡、荒岛求索，在一穷二白中“头拱地、脚朝天”，研制出了我国第一代核潜艇，尽管研发之路步履维艰，但黄旭华院士抱着必胜的信心。黄老用自己的人生经历诠释了老一辈科学家献身国防科技事业的核潜艇精神，感召着一代又一代的年轻人献身伟大的事业，奋勇前进。

（4）培养意志力。意志力指一个人自觉地确定目的，并根据目的来支配、调节自己的行为，克服各种困难，从而实现目的的品质。意志力是人格中的重要组成因素，对人一生有着重大影响，人们要获得成功必须要有意志力做保证。

心理案例

残缺的完美

第四届CCTV电视舞蹈大赛总决赛当晚，十号参赛者马丽和翟孝伟，参赛舞蹈名为《牵手》。和众多参赛选手不同的是，他们是残疾人。马丽，曾是专业舞者，10年前的车祸让她失去了右臂；翟孝伟，非专业舞蹈演员出身，4岁时失去左腿，表演时需拐杖辅助。这两位特殊的舞者，征服了所有观众，也赢得了评委一致的高分，最终赢得了大赛群众创作二等奖。

为了练舞，他们克服了常人无法想象的困难——没有正规的排练场地，只能冬天在家里练，夏天去公园练。翟孝伟身体协调性不好，为此马丽不知道被摔过多少次。看到马丽旧伤未好又添新伤，翟孝伟更是近乎残酷地训练自己。为了能做到完美，往往一个动作，他们就要练上整整一天。

两位舞者身上所表现出自强不息、不向命运屈服的力量感人至深。心怀舞蹈梦，就要把这个梦展现出来，让大家看到他们内心世界的多彩美丽。马丽和翟孝伟也表示，他们学习舞蹈，参加比赛，不仅是为了向大家展示残疾人也能表演节目，还要体现坚强和乐观面对生活的坎坷和挫折的心态。

【心理分析】任何人收获成功必须要有战胜自我的勇气和坚强的意志力。“残缺的完美”让我们体会到，面对困难和挫折，只要人与人之间真诚地“牵手”，只要有坚强的意志、勇敢顽强的精神，就能克服前进道路上的一切困难，渡过难关。

（5）扬长避短法。要清楚自己的优点，充分肯定自己、尊重自己、欣赏自己。尽量避免与别人比较自己的短处，腾出时间和精力把自己的强项磨砺得更加锋利，把自己的短板补齐。

心理案例

小羚羊与老羚羊的对话

在广袤无边的大草原上，一只小羚羊忧心忡忡地问老羚羊：“这里一望无际，没遮没拦的，我们又没有锋利的牙齿，难道天生就要成为狮子的腹中之物不成?”老羚羊回答道：“别担心，孩子，我们的确没有锋利的牙齿，但我们却拥有可以高速奔跑的腿。只要我们善于利用它，即使再锋利的牙齿，又能拿我们怎么样呢?”

小羚羊站在河边，清清河水犹如一面镜子，它仔细打量水中的自己，自己的腿是那样修长，于是便气壮胆大了。后来，小羚羊天天练长跑，速度越来越快。有一天，狮子实在是太饿了，看着眼前的小羚羊，可是一顿美餐呀！它张开大爪子，大吼一声，向小羚羊扑去。可是，只那么一闪，小羚羊就跑得没了踪影。狮子一不小心一个趔趄，重重地摔了一跤。远处的老羚羊看到这一幕哈哈大笑。

【心理分析】万物各有所长。鸟儿因其翅膀而翱翔天空，鱼儿因其善水而遨游江河湖海，它们依靠自己独有的特长成为万物中的一员，在永恒的生存竞争中占得一席之地。“小羚羊”凭借自己的长腿，刻苦训练，战胜了狮子，把自己的优点发挥到极致。“扬长避短”不失为一个好办法，一样可以实现精彩人生。

人生的诀窍是经营好自己的长处，这些长处可能分别属于生理的、性格的、技能的、智力的……各不相同，我们如果能发现它、认识它、经营它，它就会成为我们迈向成功的阶梯。

心理体验

1. 树立自信心的方法还有哪些？请与大家分享。

2. 在成长的过程中，每个人都曾克服自卑、唤醒自信。讲一讲你凭借坚实的信念战胜自我、体验成功喜悦的故事。

在惊涛骇浪中，自信是驶向胜利彼岸的帆缆；在寂寞难耐的暗夜里，自信是开启心智不致消沉的烛火。人生旅途上，讥讽、冷漠、困难、挫折会时时袭来，没有自信作为最忠实最可靠的伙伴，人生的航船难免在逆境的礁石上搁浅。自信的人生不一般，不一般的人生有自信。

课后活动

自我寻宝

寻宝方式：

我开始喜欢我自己，因为________________。

我开始喜欢我自己，因为________________。

我开始喜欢我自己，因为________________。

我开始喜欢我自己，因为________________。

我开始喜欢我自己，因为________________。

寻宝要求：

1. 必须实事求是。
2. 必须是自己的优点或特长，也可以是自己的进步。
3. 每个人至少找到自己的 5 个宝贝。

第 8 课　学会管理自我情绪

人的情绪就像一只无形的手，在不知不觉中左右着我们的行为。情绪好的时候，就心花怒放；情绪不好的时候，就颓废沮丧。情绪随着天气的变化、环境的变化而改变，有时一句话、一个简单的动作也会导致情绪的波动。

俗话说："笑一笑，十年少；愁一愁，白了头。"情绪的好坏直接影响着我们的身心健康，所以时刻觉察和管理自己的情绪是多么重要啊！让我们一起走进情绪的世界，了解情绪的真相，学做情绪的主人！

案例导入

全年级第一的怒火

小王在上学期技能比赛中他的成绩是全年级第一，为此他兴奋得翻来覆去一夜睡不着觉，认为自己真是不简单，觉得周围一切都是那么美好。

可是好景不长，这学期的技能比赛他却输了，他同样一夜没合眼，认为自己怎么这样无能，真是丢人，无法向父母交代。第二天，同学小李说了风凉话："小王，全年级第一不是那么好拿的，上一次不知道你怎么蒙上的。"小王听了内心顿时升起一股无名火，他攥紧拳头，愤愤离去。

我们正处于生理迅速发展、心理开始独立的成长转折期，情绪容易受生理、外界环境影响而表现得不太稳定。上述案例中，消极情绪降低了小王的自控力，他差一点失去理智。在成长的过程中，我们要了解自己的情绪，试着去管理情绪，以消除或减弱情绪对我们的不良影响。

一、正确认识情绪

情绪是当我们遇到事情的时候，所产生的内心感受和体验，是人体对客观外界事物的反映。比如，明天就要考试了，有些同学很紧张，有些同学则很害怕，还有些同学却很兴奋。这里的"紧张""害怕""兴奋"是我们对考试体验所表现出的不同情绪。

1. 情绪的外在表现

情绪具有独特的外部表现形式——表情，它体现出感情的内在体验，成为人际间感情交流和相互理解的工具之一。表情包括面部表情、姿态表情和语言声调。

（1）面部表情。面部表情是指额眉、鼻颊、口唇等部位肌肉的变化所呈现的情绪状态。例如，愉快时额眉平展、面颊上提、嘴角上翘，悲伤时额眉紧锁、上下眼睑趋近闭合、嘴角下拉等。面部表情是鉴别情绪的主要标志。

（2）姿态表情。姿态表情是指除颜面以外身体其他部分的表情动作，例如，狂喜时捧腹大笑，悔恨时捶胸顿足，愤怒时摩拳擦掌等。

（3）语言声调。语言声调是指情绪发生时在语言的音调、节奏和速度方面的变化。例如，悲哀时语调低沉、语速缓慢，喜悦时语调高昂、语速较快。

2. 情绪分类

（1）基本情绪和复合情绪。儒家经典《礼记》认为，人的情绪有喜、怒、哀、惧、爱、恶、欲等“七情”；东汉经学名典《白虎通》认为，人的情绪可分喜、怒、哀、乐、爱、恶等“六情”。

现代人们常把快乐、愤怒、悲哀、恐惧列为情绪的基本形式。基本情绪又可以派生、组合成各种复合情绪。例如，由快乐可以派生出喜欢、依恋、爱等情绪，由愤怒可以派生出激动、不平、厌恶等情绪，由恐惧、内疚、痛苦、紧张组合起来的复合情绪称为焦虑等。

心理体验

下列表情体现的情绪包括快乐、愤怒、悲伤、恐惧、轻蔑、惊奇和厌恶，请试着做出判断：

（2）正性情绪和负性情绪。人们将正性的增力情绪，如快乐、愉悦等称为正性情绪；与之相对的是消极减力情绪，如紧张、焦虑、恐惧、抑郁、忧伤、愤怒等，称为负性情绪。

心理案例

背课文

一天中午，王涛的父亲给他买了他最心爱的足球，他别提有多高兴了。下午在英语课堂上老师要求背课文，王涛毫不费劲就背下来了长长的课文。第二天，他又想买一双溜冰鞋，但父母不同意，他非常不开心地上学去了。英语课堂上老师又要求背课文，结果王涛花了好长时间也没有背下来一篇课文。

【心理分析】王涛在两次不同的情绪状态下分别背诵课文，出现了相反的两种结果，这说明轻松愉快的情绪状态有助于提高学习和工作效率，增进身心健康。反之，消极情绪对学习、工作和身心健康有负面影响。

我们要正确面对和管理正性情绪和负性情绪，让它们处于适度状态。适度的焦虑、恐惧等负性情绪对人的生存与发展是有益的，这些情绪能激发我们的潜力或者让我们避免危险的伤害。适度的愉快能让我们体验快乐与幸福。如果负性情绪过度了，会让人丧失理智，或迟疑不前，或精神萎靡；愉快过度了，会让人忘乎所以、乐极生悲。

心理体验

正性负性情绪自评量表

指导语：这是由20个描述不同情绪的词汇组成的量表，请根据近1～2周的实际情况在相应的答案画圈。

项目	几乎没有	比较少	中等程度	比较多	极其多
1. 感兴趣的	1	2	3	4	5
2. 心烦的	1	2	3	4	5
3. 精神活力高的	1	2	3	4	5
4. 心神不宁的	1	2	3	4	5
5. 劲头足的	1	2	3	4	5

续表

项目	几乎没有	比较少	中等程度	比较多	极其多
6. 内疚的	1	2	3	4	5
7. 恐惧的	1	2	3	4	5
8. 敌意的	1	2	3	4	5
9. 热情的	1	2	3	4	5
10. 自豪的	1	2	3	4	5
11. 易怒的	1	2	3	4	5
12. 警觉性高的	1	2	3	4	5
13. 害羞的	1	2	3	4	5
14. 备受鼓舞的	1	2	3	4	5
15. 紧张的	1	2	3	4	5
16. 意志坚定的	1	2	3	4	5
17. 注意力集中的	1	2	3	4	5
18. 坐立不安的	1	2	3	4	5
19. 有活力的	1	2	3	4	5
20. 害怕的	1	2	3	4	5

评分方法：

正性情绪：第1、3、5、9、10、12、14、16、17、19题的数值越大，情绪越积极。

负性情绪：第2、4、6、7、8、11、13、15、18、20题的数值越大，情绪越消极。

3. 情绪状态

依情绪发生的强度大小、持续时间长短以及紧张程度，可以把情绪分为心境、激情和应激三种状态。

（1）心境。心境是一种微弱、平静而持续时间较长的情绪状态，也是平时我们所说的心情，如愉快、舒畅、烦闷、抑郁等。当人心情愉快时，看什么都顺眼，做什么事都带劲，真好像是“看花花也笑，看水水唱歌”；可当人心情烦闷时，看什么都不顺眼，“见到什么都来气”。

（2）激情。激情是一种迅速而短暂的情绪状态。勃然大怒、欣喜若狂、大惊失色等都是激情的表现。按激情的结果，激情有积极和消极之分。积极的激情能帮助人克服困难、渡过难关；消极的激情则对人的活动具有不良作用，使人的自制力显著下降。

（3）应激。应激是出乎意料的紧急情况所引起的急速而高度紧张的情绪状态。人在学习、工作和生活中，当遇到突然发生的事件或危险时，要求个人迅速地运用自己的智慧和经验妥善应对，此时产生的特殊体验就是应激。

二、常见不良情绪

1. 焦虑

焦虑是指对未来不可控或由未知因素（如危险预期）引起的人的忧虑。它对生活的影响是较复杂的，个体在不同的情境下的表现有区别，主要包括以下三个方面：

（1）认知。以对未来事件的担心为基本特征，是焦虑的核心部分，如担心考试考不好，怕被同学看不起等。

（2）生理。它是与自主神经系统相结合的，伴随血压升高、脉搏和呼吸加快、血糖水平升高等症状。

（3）行为。表现为逃避、退缩等方式，如发呆、多余动作增加、惶恐不安等。

一般来说，过度焦虑会使自己的注意力难以集中、记忆力下降，进而削弱学习和日常生活能力。

心理案例

考试带来的焦虑不安

小柳从小学习上进，成绩优异，深受老师欣赏，每逢市里学科竞赛，学校都推荐她参加，她却感到压力很大。这次是数学竞赛，她本人对数学兴趣不浓，但老师很看重她，她自己也认为这是一种荣誉，是学校和老师对自己的信任，只好硬着头皮答应下来。在竞赛前几天，她总是静不下心来，担心考不出好成绩，辜负了老师的期望，情绪低落。考试前夜小柳无法入睡，在考场上脑子很乱，原先复习过的内容也想不起来了，急得满头大汗，心慌意乱，考试成绩可想而知了。

【心理分析】适当的焦虑可以激发潜能，有助于应对挑战，使事情向积极的方面转化、发展。但小柳面对竞赛过度焦虑，产生系列神经失调症状，影响了正常发挥。如果一个人长期处于焦虑状态会严重影响其身心健康、生活质量和社会功能的发挥。

2. 冲动

冲动是自我情绪的一部分，指行为人情绪表达强烈、不稳定，容易产生敌对情绪和攻击性行为的一种心理特征。冲动就像我们每个人的影子，是我们情感中挥之不去的、时而会猛烈爆发的那个自我，它是与生俱来的，但也是可以控制的。

从心理学的角度看，冲动的情绪其实是最无力和最具破坏性的情绪。有时我们因为好奇会冲动，有时我们因为诱惑会冲动，有时我们因为仇恨会冲动……。冲动是魔鬼，它常常会让人失去理智，难以控制自己的行为，从而造成无法预料的后果。所以，要能够觉察冲动下面的需求和恐惧，找到更理性和合适的方式满足自己的需求，面对内心的恐惧。

心理案例

无法绕行的两人

“让开，让开！让我过去！”楼梯上，小飞急不可待地对着大刚嚷。“你不可以绕道过去吗?”大刚不高兴地说。

“你瞎了，这里怎么绕道过去?”小飞怒气冲冲地喝道。“你说话文明点好不好!”大刚不甘示弱，与小飞针锋相对。“我就是不文明你怎么着?”小飞提高了嗓门。

“哼，无可救药。”大刚不屑的表情激怒了小飞，他冲上前去对着大刚的脑袋就是一拳。大刚没有防备，一下子跌倒在地，涨红了脸，立即站起来开始反击……

最后，他俩因打架双双被处分。

【心理分析】小飞和大刚处于青春期，遇事逞强不冷静，冲动之下言语不合，一时愤怒便容易控制不住自己，引发打架斗殴事件。遇到类似的情景，我们应多想想冲动带来的后果，尽量控制敌对性和攻击性冲动的产生。

3. 抑郁

抑郁是一种过度忧愁、郁闷和伤感的不良情绪体验。当人们遇到精神压力、生活挫折、痛苦境遇、生老病死等情况时，常常会产生抑郁情绪，这是一种在人们生活中很常见的情感成分。

抑郁情绪与抑郁症不同。正常人的抑郁情绪是由一定的客观事件或事物引起的，事出有因，有一定的时限性。人们通过自我调适，充分发挥自我心理调节功能，就能恢复心理平稳。而抑郁症则是病理情绪的抑郁，缺乏客观精神应激的条件，或者虽存在不良因素，但不足以真正解释病理性抑郁征象，且无法通过自我调适来消除。

一般来说，自尊心极强、缺乏抑制力或对不幸和生活的艰难缺乏准备的人，容易产生不同程度的抑郁表现。

抑郁的主要症状既有生理上的，也有情绪和思维方面的。如对生活失去信心，对前途悲观失望，有一种深深的负罪感，认为生活毫无意义，不能接受外界的影响，对日常生活无任何兴趣，精力不能集中，精神上持续忧郁，充满烦躁感和空虚感，记忆力衰退或优柔寡断，常有莫名其妙的哭泣感等。

心理案例

我怎么了?

张某是一年级新生。刚入学时，张某信心满满，对学习也做好了规划。除了完成学校布置的作业，张某还利用课余时间认真钻研。可是第一学期过去了，张某的考试结果令人失望，不但有两门不及格，其中一门的分数低得让他怀疑自己的能力。

第二学期多了几门专业课，大家都是零起点，张某决心在这次期末考试中一鸣惊人。快到期末时，张某开始每天做题、研究题型，但做题的过程中，张某发现不懂的东西越来越多，这使他压力特别大，后来连拿起题本的兴趣都没有，上课也听不进老师在讲什么。一次阅读中，张某看到有篇文章提及智商，他开始怀疑自己的智力是不是有问题，无论怎么努力都是学不好的。渐渐地，他对什么都不感兴趣，不想再学了。对自己的未来，张某也感觉是一团乱麻，时不时躲在被窝里哭泣。

【心理分析】对自己过高的期望和持续的失败使得张某产生了明显的抑郁情绪。渐渐地，张某对未来失去了信心。生活中，人们可能会偶尔感到沮丧，一般情况下能自己调整恢复。但如果陷入抑郁情绪的时间太长，久而久之，它能扑灭人们心头的希望之火，损害身心健康。

心理体验

心理测试：情绪稳定性测验

请对下列题目作出“是”或“否”的回答：

1. 尽管发生了不愉快，仍能思考别的事情。
2. 不计前嫌，保持坦率诚恳的态度。
3. 习惯于把担心的事情写在纸上并梳理。
4. 在做事情时，习惯定下有可能实现的目标。
5. 失败时仔细思考，反省其原因，但不会愁眉不展、闷闷不乐。
6. 具有悠闲自娱的爱好。
7. 常常倾听众人的意见。
8. 人们常觉得你做事有条不紊，遇挫折也不气馁。
9. 无路可走时，能够改变生活方式和节奏，以适应生活。
10. 尽管别人比自己强，但仍保持“走自己的路”的信条。
11. 对自己的进步，哪怕只是一点点，都会高兴地表示。
12. 乐于一点一滴地积聚有益的东西。
13. 很少感情用事。
14. 尽管很想做一件事情，但自己感到不可能做成时会打消念头。
15. 理智、周密地思考和判断，但不拘泥于细枝末节。

每题选择“是”计1分，“否”不计分。然后，将各题得分相加，算出总分。

0～6分：情绪不是很稳定，容易产生烦恼。通常难以应付生活中遇到的各种困难和挫折，容易受环境支配而心慌意乱，不能面对现实，常常感到急躁不安、身心疲乏，甚至失眠。要注意控制和调节自己的心境，使自己的情绪保持稳定。

7～9分：情绪基本稳定，偶有波动但不大，能沉着应对现实中出现的一般性问题。然而在大事面前，有时会急躁不安，无力摆脱环境的支配。

10～15分：情绪稳定，性格沉稳，能面对现实。通常能以沉着的态度应对现实中出现的各种状况，行动充满魄力，有勇气，有维护团结的精神。有时也可能由于不能彻底解决生活中一些难题而强颜欢笑。

三、我的情绪我做主

心理学上有个著名的故事：一位父亲在公司受到了情绪激动的老板的批评，回到家就把沙发上跳来跳去的孩子骂了一顿。孩子心里窝火，狠狠踹了身边打滚的猫一脚。猫逃到街上，正好一辆卡车开过来，司机赶紧避让，却把路边的老板撞伤了。这就是心理学上的“踢猫效应”——描述了一种典型的坏情绪传染所导致的恶性循环。

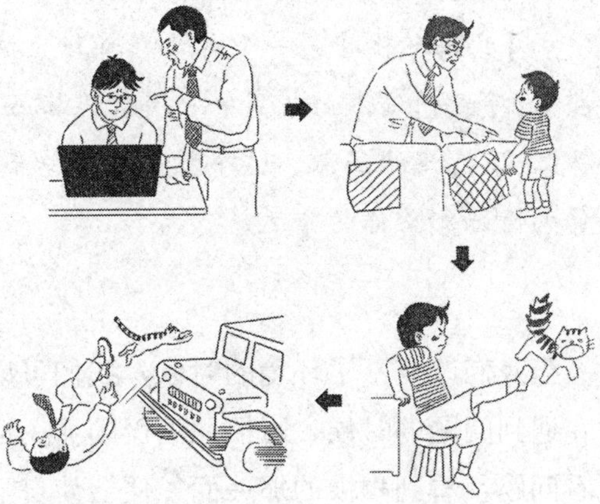

“踢猫效应”是一种负面情绪的传染。在日常生活中，如果不能及时调整这种消极因素带给自己的负面影响，就会身不由己地加入“踢猫”的队伍当中——被别人“踢”和去“踢”别人。

一位作家曾说：“你要控制自己的情绪，否则你的情绪便控制了你。”管理好情绪，需要做的只是改变一下看问题的角度，学会一些放松自己的方法。掌握了正确的方法，人们就能平稳地渡过情绪纷扰的难关，让疲惫的心灵从此充满弹性与活力。

1. 改变认知

情绪的产生，不是来源于所遭遇的事件，而是来源于对自己所遭遇事件的看法。心理学家埃里斯有一个著名的ABC情绪理论：面对同一件事A，不同的人站在不同的角度会有不同的认识B，产生不同的情绪C。认识B变了，情绪C也会发生变化。

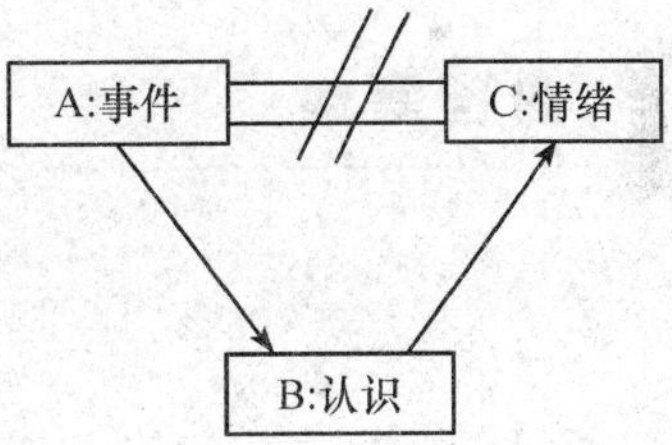

心理案例

路遇棺材的两个赶考秀才

两个秀才一起赴京赶考，路上遇到了一支出殡的队伍，看到了一口黑乎乎的棺材。其中一个秀才心里咯噔一下，凉了半截，心想：“完了，真倒霉。”于是心情一落千丈，那个黑乎乎的阴影一直挥之不去，结果，文思枯竭，名落孙山。

另一个秀才看到那个黑乎乎的东西时，心里也咯噔了一下。但他转念一想："棺材，官……财……，噢，那不是有'官'也有'财'嘛，好兆头啊！"于是情绪高涨，走进考场，文思泉涌，果然一举高中。

【心理分析】第一个秀才在考场上文思枯竭是因为他碰见棺材后认为是"触了霉头"，导致情绪不好；另一个秀才在考场上文思泉涌是因为他碰见棺材后认为是"好兆头"，使他情绪高涨。这个故事正好验证了ABC情绪理论：你的看法决定你的情绪，你的情绪影响你的命运。

当我们改变不了环境的时候，我们可以改变自己的看法。任何事情都有两面性，有些人在遇到问题的时候，习惯往消极的那一面看，必然感到苦恼、难过。如果能够换一个角度看问题，看到积极的那一面，便会使自己有不同的感受。

2. 转移注意

转移注意就是把注意力从引起不良情绪的事情转移到其他事情上，适合于比较容易排解的情绪。情绪的转移关键是要主动及时，不要让自己在消极情绪中沉溺太久，立刻行动起来，我们会发现自己完全可以主宰情绪。

心理案例

烦恼树

一个农场主雇了水管工来安装农舍的水管。水管工的运气很糟，头一天，先是车的轮胎爆裂，耽误了一个小时，再是电钻坏了。最后，开来的那辆载重一吨的老爷车趴了窝。收工后，农场主开车把他送回家去。

到了家门前，水管工邀请农场主进去坐坐。在门口，水管工没有马上进去，而是沉默了一阵子，再伸出双手，抚摸门旁一棵小树。待到门开，水管工和两个孩子紧紧拥抱，再给迎上来的妻子一个响亮的吻。在家里，水管工开开心心地招待这位新朋友。

农场主好奇地问："刚才你在门口的动作，有什么用意吗？"水管工爽快地回答："有，这是我的'烦恼树'，到外头工作，磕磕碰碰总是有的。可是烦恼不能带进家门，这里头有太太和孩子嘛。我就把它们挂在树上，让老天爷管着，明天出门再拿走。奇怪的是，第二天我到树前去，烦恼大半都不见了。”

【心理分析】“烦恼树”让水管工忘记了烦恼，其做法值得我们学习，把烦恼的事情先放一放，把注意力转移到其他事物上去，烦恼或许就没有了，冲淡了。我们要在生活中为自己种一棵“烦恼树”。

转移注意力可以通过改变注意的焦点以及改变环境来达到目的。不妨试试下面一些简单可行的方法，看是否对你有帮助。

(1) 心情烦躁时，收拾一下宿舍，改变一下房间的布局，点缀一些花草。

(2) 头脑错乱时，把桌上杂乱放的书、用具整理一番，再去看书。

(3) 心情沉重、压抑时，换件舒适的衣服，到室外走走，看看风景。

(4) 头痛腰酸、心情不佳时，听听音乐，做做健美操，打打球。

(5) 内心忧郁时，试着读些幽默小说，看看漫画或相声表演。

3. 合理宣泄

古人云：“忍泣目易衰，忍忧形易伤。”人的情绪处于压抑状态时应给予合理的宣泄，才能调节机体的平衡，恢复正常的情绪状态。

宣泄情绪是不是放纵自己的感情？当然不是，宣泄情绪不同于任性和胡闹。情绪的宣泄要有节制，要注意方式方法和时间场合，尽量不影响别人，不损害自己，否则会带来新的情绪困扰。现实生活中宣泄的方法有很多，如倾诉、运动、哭泣、歌唱等。

(1) 倾诉。人的情绪受到压抑时，可以找亲人、好友或可以信赖的人倾诉自己的苦恼。在很多情况下，一个人对问题的认识往往是有限的，甚至是模糊的，旁人点拨可能会使人茅塞顿开。如果不愿意向别人倾诉，也可以通过写日记，倾吐压抑于内心的困扰。

(2) 运动。因不良情绪所产生的负能量可通过体力上的消耗释放出去。例如，当生气时，可以到空旷的地方大喊几声，或者参加一些体力劳动，也可以进行体育活动，跑步、游泳、拳击都是不错的选择。

(3) 哭泣。在过度痛苦和悲伤时，哭不失为一种排解不良情绪的有效办法。研究表明，流泪有助于排除人体在激动和紧张时产生的有害物质。

(4) 唱歌。高声歌唱也是合理宣泄的有效手段。唱歌时有节律的呼吸与运动，可以帮助我们宣泄情绪。

4. 学会幽默

幽默就是以乐观的心态、轻松的调侃或者是自我解嘲，给生活带来笑声、缓解紧张的气氛。比如看一些幽默笑话，和同学、朋友偶尔幽默一把，会使我们精神放松。

心理案例

德性与惯性

公交车突然急刹车，一位先生没站稳，撞到了一位摩登女郎。这位小姐很高傲，也很娇气，看这个男的其貌不扬、服饰平平，便没把他放在眼里，用力推了一下，脱口骂了一句："德性！"这位先生既没生气，也没发火，只对这位小姐笑笑说："小姐啊，您说错了，不是德性，是惯性。"周围的人一听都乐了。

【心理分析】生活中，难免会出现小尴尬，让我们不知所措。上述案例中，一次可能的争辩和吵闹，被这位先生的幽默和机智成功化解了，同时避免了自身的尴尬。幽默是一种处世的智慧，可以让我们以更轻松包容的心态看待人生，用调侃、说笑、自嘲的方法化解尴尬。

5. 自我暗示

自我暗示有消极的和积极的，不同的心理暗示必然会有不同的选择与行为，并导致不同的结果。

积极的自我暗示又称自我肯定，是对某种事物有力、积极的叙述，是使我们正在想象的事物坚定和持久的表达方式。经常练习积极的自我暗示，能让我们用一些积极的思想和概念来替代僵化的、否定性的思维模式。

积极的自我暗示可以是任何积极的叙述，涉及我们愿意改善自己的任何方面。比如，当我们要发怒时，可轻声提醒自己："不要发怒，发怒有害健康，发怒后果严重……"当对自己不自信时，可以鼓励自己："我并不比别人差，我有比别人好的一面，只要我愿意我就能做到……"当对前途感到迷茫的时候，可以告诉自己："我的梦想是可以实现的，我有能力实现自己的美好愿望……"

心理案例

杯弓蛇影

有一个叫应彬的人在汲县做县令。夏至这一天，他的一位老朋友来访，应彬设宴款待。朋友座位背后的墙上悬挂着一张红色弩弓，映在酒杯中，形状就像一条小蛇。朋友端起酒杯，正欲饮酒的那一瞬间，瞥见了酒杯中的“蛇”，可他已经将那杯酒喝进肚里去了。朋友当时就觉得又惊又怕，十分恶心。回到家里，朋友只觉得胸腹疼痛难忍，以至于饮食不进，身体渐渐消瘦下去。家里人为他请了好多医生，用了好多办法，也不见好转。

自从老朋友那次来访后，已好长时间不见面了，应彬觉得奇怪，于是决定到朋友家去回访。只见朋友形容憔悴，病得不轻，应彬便问是什么原因。朋友如实相告：“自那次在你家喝酒，因酒杯里有一条小蛇被我吞进肚里，使我十分害怕，回家后就一病不起。”应彬觉得这事有些蹊跷，酒杯中哪来的蛇呢？他回到县衙后，还在琢磨这件事。猛一回头，看见挂在墙上的弩弓，心里一下子明白了。于是他专门备了车马，把老朋友再次请来，重摆宴席，仍让朋友坐在原来的位置上。当朋友拿起酒杯一看，忽然惊叫起来，原来杯中又出现了蛇影。这时，应彬端着酒杯走到朋友的座位旁，将自己的酒杯端给朋友看，里面同样有一条蛇影。朋友心中甚是不解，应彬叫朋友回头看墙上挂着的那把弩弓，对朋友说：“墙上的弩弓映在酒杯中，这就是你看到的杯中的蛇，其实那只是弩弓的影子，杯中什么也没有。”

朋友半信半疑，又和应彬重新演示了几遍，这才哈哈大笑起来，心中的疑团顿时消失，精神一下子清爽了许多。回去以后，病也很快就好了。

【心理分析】这个故事说明了自我暗示的巨大作用。案例中应彬的朋友受到不良心理暗示，歪曲了对客观事物的认识，以至于形成心病。

6. 调控焦虑

如果我们感到焦虑，首先应该找到症结，才能对症下药，采取行动。

(1) 延迟焦虑。告诉自己：事情发生时再去考虑，事情还没有发生时，决不杞人忧天。把注意力从对未来的担心拉回到眼前当下的事。

(2) 检验焦虑。当感到焦虑时，要学会反问自己：“这件事情确实会发生吗？发生的可能性有多大？有没有其他可能性？过去有许多类似的情形，不都是空担忧一场吗？何必如此惶惶不可终日。我的焦虑是不是现实客观的？”

（3）正视焦虑。面对可能出现的最坏结果，想想自己眼下应该做什么、能够做什么，防止事情向更坏的方面发展。

7. 心理换位

心理换位就是打破思维定式，站在别人的角度思考问题。这样充当别人的角色，体会别人的心态与思想，可以增加相互间的理解与沟通，减少一些不良情绪的产生。心理换位法更重要的是可以消除自己不能调节的情绪。

心理案例

炒菜与开车

妻子正在厨房炒菜。丈夫在她旁边一直唠叨不停：“慢些！小心！火太大了！赶快把鱼翻过来！油放太多了！”妻子烦躁不堪，脱口而出：“我懂得怎样炒菜！”丈夫平静地答道：“我只是要让你知道，我在开车时，你在旁边喋喋不休，我的感觉如何……”

【心理分析】站在不同的角度和立场看问题，看到的结果或情景是不一样的，采取的行动也会有所不同。学会体谅他人并不困难，只要你愿意认真地站在对方的角度和立场看问题，与对方进行情感上的沟通，就可以消除自己的不良情绪。

8. 音乐疗法

音乐对人的情绪能产生奇妙的影响。中国传统医学经典著作《黄帝内经》早在两千多年前就提出了“五音疗疾”，记载了五音和五脏的对应关系。

现代研究表明，音乐对神经结构，特别是大脑皮层有直接影响。不同乐曲作用于人的感觉器官，乐曲的旋律、速度、音调等不同，可分别使人产生镇静安定、轻松愉快、活跃兴奋等不同作用，从而能调节情绪，稳定内环境，达到镇痛、降压、催眠等效果。

9. 心理咨询

人类和自己的情绪打交道是一种“全天候的活动”，因为许多事都会左右我们的心情，所以我们需要学习如何管理情绪，而不是被情绪左右。乐观本身就是一种成功。在成功的路上，最大的敌人其实并不是缺少机会，或是资历浅薄，而是缺乏对自己情绪的把握。谁能把自己的情绪“握在手中”，谁就与成功握手。如果尝试了许多自我调节办法，情绪仍没有好转，可以寻找学校的心理老师或心理咨询机构进行咨询辅导。

课后活动

快乐动物园

每个人都有过情绪波动的经历。下面这个游戏可以让你体验情绪在解决问题中的强大作用，还可以训练你的幽默和乐观情绪。

这个游戏需要你偏离一贯的社会行为。游戏的内容是要你学动物园里动物的叫声。你姓氏的汉语拼音首字母在下面哪个范围内，你就学哪种动物的叫声：

姓氏汉语拼音第一字母	动物名称
A—F	老虎
G—L	小狗
M—R	绵羊
S—Z	布谷鸟

选择一个伙伴，彼此盯着看，目光不能转移，同时大声学动物叫至少 10 秒。

【思考与实践】在这个简单的游戏中，你的感觉如何？你是否感到既幽默有趣又有些尴尬？这个游戏尽管开始时会感到不舒服，但结束时可能已是笑声满堂。

你是否注意到好玩和幽默的情绪会有助于你在这个游戏中创造性的发挥？可能会使你灵机一动，模仿出种种出人意料的叫声，获得满堂喝彩，逗得大家捧腹大笑。

第 9 课　培养习惯成就未来

我是你的终身伴侣，我可以成为你最好的帮手，也可能成为你最大的麻烦。

我能够推动你不断地前进，也能够紧紧地拉住你前进的脚步，阻碍你前进的步伐。我是个双面人，既是所有成功者的助手，也是所有失败者的帮凶。成功者之所以成功，得益于我的鼎力相助；失败者之所以失败，我的责任不可推卸。

我是谁？ 我就是习惯。 良好的习惯，对于每个人来说，都是一块事业成功的重要基石，将助你获得人生的一片天地。

案例导入

诺贝尔奖老人的回答

1998年1月18日至21日，75位诺贝尔奖获得者齐聚巴黎。会议期间，有人问其中一位："你在哪所大学学到了你认为最重要的东西？"出人意料的是，这位白发苍苍的老人回答："幼儿园！""在幼儿园学到什么？"老人回答："把自己的东西分一半给小伙伴，拿了东西要放回原处，做错了事情要表示歉意，午后要休息，要仔细观察大自然……我学到的东西就这些。"

你们是否觉得这位老人回答得太简单了？答案却不那么简单。

"把自己的东西分一半给小伙伴"——这是多么宽阔的胸怀呀，自己的研究成果、自己的发现，能与同事分享，他的人际关系肯定好。

"拿了东西要放回原处"——给一生带来高效率，一切用品放置井然有序，想找一本书、想找一个用品随手拿来，不浪费一秒钟，效率自然是高的，每年如此、每天如此，人生这部汽车肯定跑在众人之前。

"做错了事情要表示歉意"——人非圣贤，孰能无过，有过改之，并向受害者表示歉意，真诚实在，这样处世的态度谁还会因为你的一点过失而不依不饶呢？这种知过就改的习惯和品格，必然使一个人谦逊、和善，虚心学习他人之长，不专横不固执，永远虚怀若谷，一生不断汲取营养，完善自我，同时善解人意，宽以待人。

"午饭后要休息，要仔细观察大自然"——这决定了他生活规律、身体健康、精力充沛。

一个人能越早形成好习惯，越能受用一生。这位诺贝尔奖的获得者的成就正是得益于从幼儿园开始养成的好习惯。

一位心理学家说过："播下一个行动，收获一种习惯；播下一种习惯，收获一种性格；播下一种性格，收获一种命运。"习惯对我们有着非常大的影响，它长期地影响着我们的行为、效率甚至成败。即便是打破常规的创新，习惯也可以帮助我们维持持续的创造性。

一、习惯与行为

1. 习惯是什么

心理学认为，习惯是刺激与反应之间的稳固链接，是带给个体较小心理压力的行为。简单地说，习惯就是人稳定的行为倾向，是人们行动时感觉最舒适的状态，它容易保持下来，成为人们自动的、潜意识的举动。因此，习惯是稳定、轻松的心理状态，一旦形成，它就会指挥人的行为。

心理案例

拉磨的骡子

有一头骡子，自小就在磨坊里绕着石磨兜圈子，十几年如一日，勤勤恳恳。有一天，它终于老得再也拉不动石磨了。主人觉得它劳苦功高，决定把它放养到旷野之中，让它在绿草地自由自在地度过余生。但这头骡子从来就没有享受过蓝天白云下的自在生活，已经失去了动物融入大自然的天生本领。在如此宽阔的天地中，这头骡子唯一能做的，就是在吃饱以后，绕着一棵树不断地兜圈子，直到最后死在这棵树下。

【心理分析】不断重复形成习惯。我们从小养成了各种各样的习惯，并且被这些习惯左右，不假思索地按照习惯去做事情。

2. 习惯影响行为

习惯是逐渐养成而不易改变的行为，是一种动作上的惯性。约 90%的人们日常生活行为来自习惯，例如几点钟起床、洗脸、刷牙、穿衣、读报、吃早餐、上学和上班等，这些习惯组成了我们大部分的日常活动。习惯对我们日常生活的影响是广泛和深远的。

生活方面，小到啃指甲、挠头、爱用手指对别人指指点点等微不足道的小事；大到关系身体健康的事，如应该吃什么、晚上几点睡觉、是否坚持锻炼等。

学习方面，课前是否有预习的习惯，上课是否爱做小动作，发言是否积极，课后作业能不能及时完成等。

人际交往方面，与同学、朋友预约见面是否守时，借朋友的东西是否记得归还，与朋友交谈是否注意表达方式等。

细节决定成败。千万不要小看习惯，它的魔力相当大，能不能担重任，能不能让人放心，最终都跟习惯有关。

心理体验

好习惯清单

热爱祖国——升国旗奏国歌时自觉肃立。

文明礼貌——微笑对待每一个人。

学会尊重——耐心听别人把话说完。

保护隐私——别人的东西不乱动。

利人利己——用过的东西放回原处。

诚实守信——说到做到。

待人友善——主动为他人提供力所能及的帮助。

遵守规则——上下楼梯靠右行。

勤奋自强——天天锻炼身体。

讲究卫生——干干净净迎接每一天。

热爱学习——按时完成每天的作业。

…………

请列举出自己的好习惯和坏习惯（学习、运动、饮食、睡眠等方面，越详细越好）。

好习惯	坏习惯
1. ______________	1. ______________
2. ______________	2. ______________
3. ______________	3. ______________

二、坏习惯与好习惯

1. 坏习惯是失败的祸根

坏习惯就像慢性病，可能一开始并没能引起我们的注意，当意识到它的危害时，它已经对我们产生了很大影响。它就像个调皮的精灵，别人都能够清清楚楚看见它的存在，而我们自己却视而不见。

心理案例

小时偷针，长大偷金

有户人家生了个儿子，从小视若宝贝。

有一天，卖货郎挑着担子到他家屋后吆喝。小孩赶过去凑热闹，看人家都拿着东西问价格，他也顺手拿了一根绣花针，趁卖货郎不注意，拿回家给他娘，他娘笑眯眯地夸这孩子有用。

第二回，他把人家鸡窝里的鸡蛋拿回来。娘问："你的鸡蛋从哪来的?"他说："从对门人家鸡窝里拿来的。"娘又问："你拿人家的鸡蛋人家没看见?"他说："对门家的人都下地干活了，家里没有人，我把它放在胳肢窝里夹回来的。"他娘拍拍他头说："留着晚上给你打鸡蛋汤喝。"

第三回，他又偷了隔壁邻居家的一只老母鸡，他娘给他炖了一锅鸡汤补养身子。

孩子慢慢长大了，从小偷小摸发展到拉人家马、偷人家牛，再后来偷了大户人家的金银。

终于有一天，他偷窃的行为被衙门知道了，被人抓起来关进了牢房。

【心理分析】坏习惯的养成不是一朝一夕的。一开始的不良行为也许没能引起注意，错失了纠正的机会，等到我们意识到它的危害时，为时已晚。案例中的宝贝儿子小时开始小偷小摸，没有被及时制止，最终成了习惯，走上犯罪的道路。

心理体验

根据你自己所列举的“坏习惯”，预测它可能导致的不良后果，并说说你准备如何应对。

2. 好习惯是成功的钥匙

“少成若天性，习惯如自然。”人在幼时养成的习惯，就像人天生自然固有的一样难以更改。“一个人取得的成绩往往取决于性格上的伟大。”构成我们性格的，正是日常生活中一个个的习惯。养成的好习惯越多，个人的素养就越高，同时也能为人生的成功打下坚实的基础。

心理案例

华罗庚的习惯

1930年华罗庚发表了《苏家驹之代数五次方程式解法不能成立理由》的论文。文中，华罗庚指出了大学教授苏家驹在代数运算上的错误。彼时，华罗庚只是一个偏僻小镇上杂货铺的伙计。

文章引起清华大学理学院算学系主任熊庆来的注意，华罗庚被破格允许进入清华学习。

熊庆来最初建议华罗庚先去旁听解析几何和微积分。但他发现华罗庚并没有照办。一问才知道，他早就自学过了，全懂了。慢慢地，熊庆来发现华罗庚应付高级课程也十分轻松。于是，当他备课遇到难题时，经常会喊道：“华先生，请过来一下，看看这道题目怎么做。”

“清华来了一个天才，连教授都要向他请教。”这样的话一传十，十传百，在整个清华校园里传开了。然而，他们不知道，天才的背后是数百倍的汗水和付出。著名科学家钱伟长当时也在清华大学读书，他一直以为自己是清华最用功的学生，他每天早上六点就到校园里晨读。然而，不论他起多早总会看到另一个人已经开始读书了。那个人，就是华罗庚。

华罗庚的勤奋，让他在数学领域再登高峰。当时中国的近代数学才刚刚起步，能够在国外发表论文凤毛麟角。然而不到两年的时间，身为图书管理员的华罗庚发表了十几篇论文，这让许多老教授都望尘莫及。

【心理分析】从站在杂货铺里面的少年，到展开羽翼，翱翔在广阔天空的数学家，华罗庚勤奋用功的好习惯，使得他攀登上一座又一座的高峰，成就传奇的一生。

心理体验

根据你自己所列举的“好习惯”，预测它可能会为你带来哪些机遇？

1. ______________________________

2. ______________________________

3. ______________________________

…………

三、避免成瘾行为

坏习惯与成瘾行为只差一步之遥。坏习惯不加以控制的话，慢慢就会转变为成瘾行为。成瘾的概念来自药物成瘾，指个体不可自制地反复渴求从事某种活动或滥用（依赖）某种药物，虽然这样做会给自己带来各种不良后果，但仍然无法控制。例如，对手机、毒品、购物、网游等的成瘾行为。

心理案例

需要“安全感”的低头族

智能手机的功能越来越丰富，订餐、打车、网购、理财、交友等都能轻松通过手机完成。手机已经从通信工具演变成了生活必需品。手机成瘾问题随之而来：吃饭时眼睛不看着饭菜而是一直盯着手机，不管地铁多么拥挤都要腾出一只手来滑动手机屏幕。沉迷手机还导致了很多意外伤亡事件的发生——“27岁女子通宵玩手机猝死”“女子因低头玩手机坠河身亡”“男子走路低头玩手机被撞惨死”……类似新闻屡见报端。

调查显示，人们每天平均至少花4个小时在手机上，平均每4.5分钟就会看一眼手机。如果按每天清醒时间为16个小时计算，一天大约要看240次手机。

业余生活单调是人们对手机着迷的主要原因。在我国，运动健身、旅游观光、艺术体验、读书学习等线下活动的普及程度，与许多国家和地区存在着很大差距。

【心理分析】从心理学角度分析，人们频繁看手机是为了提升安全感，怕错过重要信息、电话，想用最快速度完成某件事，久而久之就形成了习惯，导致处理许多事时都会下意识地拿出手机翻看，有些人甚至达到了成瘾的状态。智能手机方便了生活，其负面影响也逐渐显现，过度使用手机不仅阻碍了正常社交，还会引发颈椎病等生理疾病。

成瘾行为是一种额外的超乎寻常的嗜好和习惯，是通过刺激中枢神经造成兴奋或愉快感而形成的。

一些嗜好或习惯对人体无害，甚至有益，如有人酷爱读书，在烦躁时翻阅书籍能平复心情。但成瘾的习惯会给我们的生活带来负面影响，某些有害嗜好或习惯更属于病态的成瘾行为，如处方药滥用成瘾、吸毒、吸烟、酗酒、赌博、网瘾等。严重的成瘾行为会导致心理卫生问题，甚至危害社会。

心理体验

想一想，以下是常见的手机依赖症状，你有几条？

1. 经常因为玩手机而忘了时间。
2. 每隔3分钟查看一次手机，不管有没有消息提示。
3. 当手机不在身边时，感到错过非常多的信息。
4. 和家人吃饭时会低头看手机。
5. 时常感到手机振动，但却没有收到任何信息。
6. 半夜翻身下床查看手机消息。
7. 无法回忆起上次离开手机是什么时候。

8. 用免提接通语音电话是为了可以同时玩手机。

9. 手机系统更新会妨碍我玩手机。

10. 最惊慌的时刻是，手机明明在兜/手里，却怎么也找不到。

11. 手机电量耗尽时，会感到暴怒或惴惴不安。

12. 常常抱怨“手机控制了我的生活”，却无法做出任何改变。

四、养成良好习惯

一位文学家曾说：“每天去做一点自己心里并不愿意做的事情，这样，你便不会为那些真正需要你完成的义务而感到痛苦，这就是养成自觉习惯的黄金定律。”我们通常都能够随口说出自己的坏习惯，却又无法改变它。如果放任不管它，将会给自己带来各种不良后果，甚至影响我们的人生。

1. 养成良好习惯的方法

习惯不是先天形成的，是后天习得的行为。好的习惯可以慢慢养成。

（1）强化。心理学家认为：“人的大部分行为都是操作性行为，对结果的强化是影响行为的重要因素，包括正强化和负强化。”

正强化又称为积极强化，指对人的行为及时进行有效的奖励，奖励的愉悦感会让人继续保持这种行为。人的行为在受到奖赏后保留下来的可能性，会比不给奖赏时保留下来的可能性大大增加，所以生活中的我们常常用表扬、奖励等方式来鼓励良好的行为，用批评、惩罚的方式来减少不好的行为。

心理案例

开心果的妙用

一位小伙子曾经有个令人讨厌的习惯：在他人说话时，他总忍不住要替别人说出后半句话，而且还时常打断别人的发言，只为了指出别人谈话中的语法错误。可谁喜欢说话时总被人打断，总被人指出语法错误呢？因为这个习惯，他的人缘相当糟糕，他自己也为之苦恼。后来他想出了一个好办法，他特别爱吃开心果，于是，每次在自己能够强忍住不去接别人的后半句话茬，或是没有打断别人去挑剔语法错误时，便奖励自己一大把开心果。现在，他已彻底改掉了这个令人讨厌的坏毛病。

【心理分析】强化可以是他人给予的，也可以是自己给予的。培养良好的习惯，更要注重的是自我的正强化。这位小伙子通过自己奖励自己，慢慢强化自己，从而改变了坏习惯。

必须注意的是，强化的手段和措施必须是有效和可行的。有效是指这些奖励的内容是我们喜欢或期盼的，可行是指这种奖励是我们自己能做到的。这样会大大提高强化的效果。

（2）预演。所谓预演，一般是对某种行为生动而具体的想象，想象它的过程及结果。如果我们在采取行动前，事先在内心对理想结果进行过预演的话，将极大地激发我们的积极行动。通常来讲，心理预演越充分，行动结果就会越好。相反，对不好结果的预演，将会帮助我们调整自己的行为，以避免“坏事”发生或减小其影响。

对大脑的医学研究表明，心理预演将有助于调动那些操作实际行为的大脑细胞。研究同时发现，人们在力图改变坏习惯时，心理预演尤其重要。因为，当人们准备克服某种习惯性的反应时，大脑皮层将变得非常活跃，它将全身心地关注即将发生的事情和所有的反应。当我们进行了心理演练，额叶大脑皮层相应区域将被激活。如果再面对类似场合，我们将更倾向于去实践预演。

心理案例

坏脾气的班长

班长小蔓，各方面都很优秀，但因脾气急躁，在做班级工作时，常为一些小事和同学发生冲突，同学们慢慢疏远了她。为此她觉得非常苦恼。她求助老师，老师告诉她遇事不能着急，应时刻提醒自己冷静，不同的表达方式会带来完全不同的效果。小蔓也清楚自己的问题，可就是控制不了自己。

老师教给她一个办法：进行心理预演。在心中一遍遍地演练自己希望实现的种种反应细节。过了一段时间，小蔓处理问题时大脑自动执行起自己曾经无数次模拟过的反应。这说明她处理类似问题时，已经能够达到自己所期望的“保持冷静和理智”状态了。小蔓真的变了。

【心理分析】小蔓通过"心理预演法"的训练后，能在遇到问题时保持理智和冷静，用平静的语气和同学沟通，以理智的思维去思考，比较全面准确地处理问题，并有效地控制自己的情绪，最终改掉了自己遇事急躁的坏习惯。

（3）内化。内化是指将自己所认同的新思想和自己原有的观点、信念结合在一起，构成统一的态度体系。这种态度是持久的，并且成为自己人格的一部分。

当来到这个世界后，我们的行为自然而然地会向社会要求靠拢，同时不断地把社会意识转化为自我意识。这种将外在的要求内化为自身意识的过程是通过我们的行为完成的。有良好行为习惯的保证会使这种内化的过程更为简单和快捷。

具体来讲，生活中我们可以用正面的名人言行或者用身边的榜样激励自己，通过对榜样的学习和模仿，从而促进优秀品质的内化过程。

心理案例

鲁健：手中无剑心中有剑才是高手

鲁健是中央电视台著名主持人，毕业于中国传媒大学。他在一次演讲中说道："在武侠小说中，我们经常会看到这样的情节，武林中人习武有好几种境界：'手中有剑，心中无剑'，这是最低级的剑术，只有其形，不得其神；而'手中有剑，心中有剑'，这是剑客的起码要求，这个档次的高手能做到人剑合一；'手中无剑，心中有剑'，这才是剑客中的高手。"

【心理分析】"手中无剑，心中有剑"要求把有形的东西化成无形的东西沉积在心里，这其实是一个学习积累的过程，是个人将知识和能力结合在一起，将外在事物转化为内在认知的过程。

2. 养成良好习惯的措施

最有效的养成良好习惯的方式就是简单的事情重复做。从小事做起，每天有一点改变，只要在改变就会成功。例如：

（1）把每天起床后的第一个微笑献给自己。对自己好好笑笑，一天都有好心情。出门照镜子，给自己一个自信的微笑。

（2）守时。从每天按时起床、吃饭、上课开始，没有人会喜欢不守时的人。

（3）听心跳一分钟。做重要事情的时候、上课想睡觉的时候、怯场的时候、心情烦躁的时候，摸摸脉搏感受自己的心跳，这是一个很神奇的“绝招”。

（4）凡事第一反应：找方法，不找借口。借口永远不是真正的原因，还是想想解决问题的办法更有实际意义。

（5）用心倾听，不打断别人的话。倾听是一种尊重。如果不打断他（她）的思路的话，说不定他（她）能说出更多、更宝贵的信息。

（6）每天有意识地赞美别人一次。想要让别人赞美自己，那么就要努力去发现别人的优点，然后真心去赞美。多称赞别人，别人就会多称赞我们。

（7）及时表示感谢。得到帮助时及时表达诚挚谢意，帮我们的人会更多。

（8）控制住自己，不要凡事的第一反应就是为自己辩护。为自己辩护似乎是人的本性，但一定要做到检查确定自己的行为合乎道理时再进行。为自己辩护时要做到有理有节，不要得理不让人。

（9）每天做一件“分外事”。所谓的“分外事”是有条件地、力所能及地“管闲事”。如看到水龙头没关紧，主动上前关上；看到地面有纸屑，主动捡起来。

3. 培养良好的劳动习惯

“劳动的快乐说不尽，劳动的创造最光荣。”这首几代人记忆里同样熟悉的旋律，如今再次回荡在新时代青少年的心田。

物质丰盈的新时代，我们为什么还要培养劳动习惯呢？习近平总书记从人类社会进步史中总结了答案：“人生在勤，勤则不匮。幸福不会从天而降，美好生活靠劳动创造。”勤奋是中华民族的精气神，是我们骨子里的内在动力，是我们应当发扬的优秀品质；劳动则是人类社会生存和发展的基础，是人维持自我生存和自我发展的唯一手段。

心理案例

一屋不扫何以扫天下

东汉时期有一个人叫陈蕃，他学识渊博，胸怀大志，少年时发奋读书，以天下为己任。一天，他父亲的老朋友薛勤来看他，见他独居的院内杂草丛生、秽物满地，就对他说："你怎么不打扫一下屋子，以招待宾客呢？"陈蕃回答："大丈夫处世，当扫天下，安事一屋乎！"薛勤当即反问道："一屋不扫，何以扫天下？"陈蕃听了无言以对。从此，他开始注意从身边小事做起，最终成为一代名臣。

【心理分析】"小事情"和"大事业"并不冲突。《弟子规》中说："房室清，墙壁净，几案洁，笔砚正。"意思是说：书房要整理清洁，墙壁要保持干净，读书时，书桌上笔墨纸砚等文具要放置整齐，不得凌乱，触目所及皆是井井有条，才能静下心来读书。

不积跬步，无以至千里。好习惯不是天生的，而是一点点养成的，是一天天努力的结果。我们要时时、处处、事事都严格要求自己，从点滴做起，养成良好习惯。只要养成了良好的生活习惯、学习习惯、反省习惯、勤劳习惯、珍惜时间的习惯等，进步便会常伴我们左右。

课后活动

活动一：好习惯宣言——为自己制订计划书

我现在宣布，从即日起，我将致力于改掉以下坏习惯：

1. ____________________ 2. ____________________

3. ____________________ 4. ____________________

保证人：____________________ 证明人：____________________

日　期：____________________

（提醒：把它贴在每日必经之地，经常提醒自己。）

活动二：留下自己进步的轨迹

今天我做到宣言中的____________________，请我的好朋友为我证明，我对自己更有信心了。

保证人：____________________ 证明人：____________________

日　期：____________________

（提醒：一定给自己一个小小的奖励。）

第 10 课　挑战挫折磨炼意志

“不经历风雨，怎么见彩虹？”成长的过程少不了烦恼与辛酸。多少次艰辛求索，多少次跌倒与爬起，都如同花开花落一般，为今后的人生道路做好了铺垫。

人生因为挫折而曲折，人生因为挫折而成长，人生因为挫折而美丽。人生不可能没有挫折，与其“聪明”地躲过挫折，走一条毫无挑战的道路，不如“愚笨”地坦然面对挫折，信心十足地走向充满成功与希望的道路。

案例导入

受了挫折的阳光

“妈妈，你看，彩虹！”

“美吗？”

“美！”

“宝贝，你知道吗，彩虹其实就是阳光。”

“阳光？我们平时见到的阳光，为什么没有这么美呢？”

“因为在雨后，空气中留存的雨雾把阳光折射了，从而产生了七彩的光芒。这阳光的折射，就像人生的挫折，折射使阳光美丽起来，挫折也会使人生美丽起来。”

“妈妈，我知道了，彩虹就是受了挫折的阳光。”

笑口常开、心想事成、万事如意、一帆风顺、天天都有好心情……这些都是生活中常说的吉祥话语，我们希望生活是一条平坦笔直的大道，但人的一生不可能一帆风顺。挫折好比一块磨刀石，经历过打磨的生命，能闪耀出夺目的光芒。我们要培养战胜挫折的能力，掌握有效克服挫折的方法，才能走向灿烂的人生。

一、挫折与人生相伴

挫折是指人们在追求某种目标的活动中遇到干扰、障碍，以及遭受到损失或失败时产生的一种心理状态。

一般来说，遭受严重挫折后，个人会在情绪上表现出抑郁、消极、愤懑，在生理上表现出血压升高、心跳加快、胃酸分泌减少等。

挫折有大有小，有长久有短暂，有多有少，但没遇到任何挫折的人是不存在的。古今中外但凡有成就的人，无不是经过挫折磨砺出来的。孔子周游列国，宣传自己的主张，却受到围攻和断粮的困厄；爱因斯坦曾因三科不及格而落榜，被人耻笑为“低能儿”……伟大人物是这样，普通人也不例外。

心理体验

古人云：不如意事常八九，可与人言无二三。我们的成长过程并非一帆风顺，请以“我所遇到的挫折”为题讲一个故事。

我们常常会遇到以下几个方面的挫折。

1. 学习方面

（1）学习成绩达不到自己的目标。

（2）没有考上理想的学校。

（3）没有学习喜欢的专业。

（4）没有机会显示自己的才能和兴趣。

…………

2. 人际关系

（1）经常受到同学的排斥、讽刺。

（2）交不到能讲知心话的朋友。

（3）和父母之间有代沟。

…………

3. 兴趣愿望

（1）兴趣得不到家长的支持。

（2）因生理条件的限制，不能实现自己的愿望。

…………

4. 自尊方面

（1）得不到老师、同学的信任和重视。
（2）自感各方面表现都很好，却没有评上“三好”。
（3）常被老师点名批评。
（4）体育竞赛、学习竞赛中没有得到名次。
…………

5. 其他方面

（1）家里受灾，失去财物或家园。
（2）自己或亲人生病。
（3）亲人去世。
…………

心理案例

大海里的船没有不带伤的

有这样一艘船，它于1894年下水，在大西洋上曾138次遭遇冰山，116次触礁，13次起火，207次被风暴扭断桅杆，虽伤痕累累，却没有沉没过。现在这艘船停泊在博物馆里。它告诉我们：在大海上航行的船没有不带伤的。

【心理分析】船在大海中航行，难免会遇到险风恶浪，受到损伤也是自然的。生活像是一片海洋，而我们就像在海洋里航行的船。

我们总是根据自己的动机奔向目标。在这个过程中，如果我们碰到了困难，遇到了障碍，就会在心理、生理上受到创伤。只有经过努力，战胜困难，抚平伤口，才能最终实现目标。

二、挫折是把双刃剑

在我们的生活中，挫折并不少见，它是智者的无价之宝、弱者的无底深渊。挫折是锻炼意志、增强能力的绝好机会，关键在于我们如何对待它。

心理案例

190 次失败后的成功

屠呦呦，著名药学家，出生于1930年，毕业于北京医学院，中国中医科学院首席科学家，"共和国勋章"获得者，首位华人诺贝尔生理学或医学奖获奖者。

屠呦呦的名字缘起《诗经·小雅》的名句"呦呦鹿鸣，食野之苹"。"苹"即是艾蒿。这个名字寄托了父母对她的美好期待。让屠呦呦没想到的是，从取名开始，她的命运就注定要与这棵神奇的小草连在一起。

1967 年 5 月 23 日，抗疟疾"523 项目"启动。1969 年，39 岁的屠呦呦被任命为"523 项目"中医研究院科研组长，参加研究防治疟疾新药的项目。在设施简陋、信息渠道不畅的情况下，屠呦呦带领科研组，系统整理历代医籍、本草和地方药志的单验方，四处走访老中医、专家，收集了 2 000 多种方药，并从中整理出 600 多种草药，归纳编纂成《抗疟方药集》，在此基础上进行实验研究，组织鼠疟筛选。然而，筛选包括青蒿在内的大量样品却毫无结果，研究一度陷入了僵局。

到底是哪个环节出了问题呢？她再次拿起桌子上的医籍细细地翻阅起来。东晋名医葛洪《肘后备急方》给了屠呦呦灵感："青蒿一握，以水二升渍，绞取汁，尽服之"可治"久疟"。1971 年 10 月 4 日，屠呦呦第一次成功地用沸点较低的乙醚制取青蒿提取物，并在实验室中观察到这种提取物对疟原虫的抑制率达到了 100%，青蒿抗疟实验取得成功。

屠呦呦说："解决这个问题的转折点，是在经历了第 190 次失败之后才出现的。"

【心理分析】屠呦呦研究青蒿素的过程是艰难而艰辛的，其中之酸甜苦辣绝非常人能够想象和忍受。如果没有对中医事业的热爱、对传统古典医药典籍的崇信、对科学事业的严谨态度，没有甘守清贫、默默耕耘，团结协作、勇攀高峰，爱岗敬业和无私奉献的精神，是不可能在经历 190 次实验失败之后仍然矢志不渝，直至取得成功的。

面对逆境，有的人努力奋争，百折不挠；有的人浅尝辄止，一番争取之后，偃旗息鼓；有的人一陷入困境，就心怀恐惧，绕着问题走。不同的态度导致了不同的结局，或是到达理想的彼岸，或是缩手缩脚碌碌无为。

挫折是把双刃剑，既可以刺伤我们，也可以让我们强大。一方面，挫折具有消极性，使人失望、痛苦、沮丧，甚至导致攻击侵犯行为或失去对生活的追求，给自己和他人造成严重损失；另一方面，挫折具有积极性，给人以教益，使人认识错误，接受教训，磨炼意志，使人更加成熟、坚强，在逆境中奋起发展。

挫折的消极性和积极性是相对的，是可以转化的。当我们遇到挫折时，以积极的态度将挫折变为动力，以顽强的毅力继续奋斗，或重新调整目标，从而使需要或动机获得新的满足。这个过程减少了挫折的消极因素，寻找到了挫折积极的一面，促使消极因素向积极方面转化。

心理案例

将泥土踩在脚下

驴子不小心掉进枯井里，主人召集乡邻出谋划策，大家都想不出好办法，最后安慰主人：驴子已经老了，“人道毁灭”也不为过，况且这口枯井迟早也要填上的。无奈，主人只能放弃。人们拿起铲子开始填井。

当第一铲土落在枯井里，这头驴子意识到了自己的绝望处境，叫得很凄惨。又一铲土落到枯井里，驴子出人意料地安静下来了。大家好奇地往井里看，眼前的情形令他们大吃一惊：当泥土落到驴子背部时，它将泥土抖落一旁，然后站在泥土堆上面。人们不断地往井里铲泥土，驴子也就不断地让自己升高。就这样，驴子一步步地上升到井口，然后在众人惊奇的目光中快步跑开了。

年迈的驴子靠着自己的智慧从死神手里夺回了生命！

【心理分析】挫折可以是成功的垫脚石，生活中遇到的种种困难就是加注在我们身上的“泥沙”。只要我们鼓足勇气，把它们抖落在脚下，使它们成为一块块的垫脚石，即使掉进深井，也能不断积蓄条件和力量，安然脱困。

人生有时就像战场，要想在一次又一次的战斗中取得胜利，必须有百折不挠的决心，从而战胜自己，战胜挫折。

心理体验

如何看待挫折？请同学们说说你的理解。

（1）挫折是人生一道靓丽的色彩。

（2）挫折是一种机遇。

（3）…………

（4）…………

三、从容面对挫折挑战

人生难免遇到挫折，如果我们始终纠缠于这些不幸，无疑将扩大自身的伤口，最后难免沉沦。所以，我们只有想办法转化失败和痛楚，才能以坚强的姿态搏击风雨。

心理案例

鸡蛋、石头和皮球的遭遇

一只鸡蛋落在地上，它悲伤地哭道："我完了，我这只倒霉的蛋。"接着就粉身碎骨，壮烈牺牲了。

一块石头落在地上，它愤怒地大叫："谁敢跟我作对？你硬，我比你更硬！"它把地面砸了个窝，但它自己也永远待在那个窝里出不来了。它气急败坏，但无能为力。

一个皮球落在地上，它轻巧地换了一个姿势，在地上打了个滚，就又蹦蹦跳跳地走了。

【心理分析】鸡蛋、石头和皮球的遭遇，代表了生活中人们对待挫折的不同态度。有的人就像鸡蛋，遇到挫折就一败涂地，再也站不起来了；有的人像石头一样，遇到了挫折暴跳如雷，深陷其中无法自拔；有的人正如皮球，轻轻一笑，改变一个方向，继续上路了。

挫折的承受能力直接影响我们的成才和发展。提高挫折承受力不仅可以使我们的意志更加坚强，人格更趋成熟，而且会更有能力应对日益激烈的社会竞争。

1. 合理运用心理防御机制

心理防御机制是人具有的一种自我调节和自我保护的心理防卫机能，指个体处于挫折与冲突的紧张情境时，其内在心理活动会自觉不自觉地产生想要解脱烦恼、减轻内心不安，以恢复情绪平衡与稳定的一种适应性倾向。

心理防御机制是一种自发的心理调节机能，具有两面性：一方面可以使人适应挫折、减轻精神痛苦、维持功能；另一方面会使人逃避现实，降低对生活的适应能力，从而导致更大的挫折，甚至产生心理疾病。

合理运用心理防御机制可以有效地缓解情绪上的痛苦，提高对挫折的承受能力，为人们最终战胜挫折提供条件。成熟的或积极的防御机制，包括升华、压抑、幽默、利他等。

（1）升华。指一个人在受到挫折后，将自己的情感和精力转移到有益的活动中去，使低层次的需要和行为上升到高层次的需要和行为，以保持情绪稳定和心理平衡。升华可以使受挫后的不良情绪得到化解和宣泄。

（2）压抑。指人们在受到挫折后，有意把自己不能接受的、感到困扰或痛苦的思想、欲望或体验埋在心里，不再想起，不去回忆，主动遗忘，以保持内心的安宁，使自己避免痛苦。

（3）幽默。指当一个人受到挫折、处境困难或尴尬时，用幽默的方式来化解困境，维持自己的心理平衡。幽默很容易缩短与周围人的距离，而且能够帮助我们有效地寻求社会支持。

（4）利他。通过为他人服务使自己从中得到满足，即是人们常说的“双赢”——在满足别人的过程中也使自己得到满足。

心理案例

另一扇窗

一个小女孩趴在窗台上，看窗外的人正埋葬她心爱的小狗，不禁泪流满面，悲恸不已。她的外祖父见状，连忙引她到另一扇窗口，让她欣赏他的玫瑰花园，窗外，美丽的玫瑰正在吐露芬芳，几只蝴蝶在花间飞舞。果然，小女孩的心情顿时豁然开朗。

【心理分析】我们在面临挫折时要学会另开一扇窗，让我们的生活充满色彩和希望。对于涉世不深而又渴望有所作为的我们来说，学会另开一扇窗就意味着掌握了战胜挫折的方法和技巧，能够进行挫折后的自我心理调适。

2. 接纳挫折、战胜挫折

（1）正视挫折。要想战胜挫折首先要接纳挫折，不逃避、不自责，正确看待挫折。主观上挫折给人们的心理带来消极的体验，但客观上它可以成为人们奋发图强的动力。

心理案例

用脚写字的无臂男孩

彭超来自四川攀枝花米易县，6 岁时不幸触碰到变压器上的电线，双臂截肢。为了孩子的前途，父亲让还没出院的彭超练习用脚夹着笔写字、洗脸刷牙、洗衣做饭。经过 1 年多的努力，他完全做到了以脚代手、生活自理。

2015 年，彭超顺利被四川大学录取，实现了自己的大学梦。

上了大学之后，彭超参加了各种各样的公益活动，去过敬老院慰问老人，给他们带去快乐；也去过大街上劝募，募到的钱寄给贫困山区的孩子们，给他们买一份包裹；还到各个学校去，做过励志公益演讲，给学生们分享自己的故事，给他们带去学习的动力。2016 年，彭超参加中央电视台《中国诗词大会》节目，拿下了第一个擂主。

2021 年 3 月底，彭超参加了同济大学法学院研究生复试，在考场上，出现了这样一幅让人动容的画面：彭超坐在椅子上，前方放着一块木板，考卷就摊在木板上，而他弓着身子，用右脚夹着笔，一笔一画写得格外认真……

他一直坚信，自己只要付出更多努力，就能获得成功。事实证明他是对的，他的初试、笔试、面试成绩均达到同济大学法学院录取分数线，顺利被同济大学法学院录取。同济大学表示，能招录到这样一名自强上进的优秀学生，深感自豪。

【心理分析】彭超过早遭遇苦难的命运，但他没有一刻在命运的摆布下认输、屈服。路在前方，他走得十分艰难，却从未停下脚步。正如他自己说的："我们要克服这些困难，要用我们自己坚定而强大的内心，用我们坚持而拼搏的勇气，去克服困难，去追寻我们的梦想。"

（2）鼓起勇气。战胜挫折，要有勇气，有了勇气才有信心。古今中外，凡是有所成就的人，都是敢于面对挫折、直面人生的人。

心理案例

鼓舞

廖智，汶川地震幸存者，曾是四川德阳的一名舞蹈老师。在那场举国悲恸的灾难中，时年23岁的她失去了10个月大的女儿。廖智在废墟中挺过26小时后获救，但却面临截肢的现实。廖智没有犹豫，也没有惧怕，在没有亲人签手术单的情况下，她淡定地对医生说："我自己签吧。"医生问她："你知道什么叫截肢手术吗？"廖智说："知道啊，就是把腿锯掉。"经过这场生死劫难，她开始明白一个词——珍惜。

虽然失去双腿，但廖智并没有放弃舞蹈梦想，在重庆治疗期间，她总在脑海里想象自己重返舞台的样子。一天，她突然想编出一个舞蹈来，想再上一次舞台。

廖智从跪立这个对常人来说简单的动作开始训练，不到一分钟双腿便开始颤抖，紧接着全身都颤抖起来，陪护她的母亲总躲在一旁偷偷落泪。后来，这个瘦小纤弱残缺的身躯伴着大鼓音乐起舞的画面传遍全中国，人们都被这个残缺的小小身体迸发出的力量而感到震撼。

【心理分析】挫折是勇敢者的锻炼机会，顽强的胜利者从来都是让勇气充当行动的急先锋。身为舞蹈老师的廖智经历了常人无法想象的磨难，痛苦和哀伤化作快乐的音符，谱写成壮丽的乐章，这是廖老师的勇气及其力量的体现。

（3）充满自信。具有自信心的人面对挫折时，立场坚定、积极进取、不畏艰难，让挫折成为自己向上攀登的垫脚石。

（4）主动寻求社会支持系统的帮助。一个人的社会支持系统指个人在自己的社会关系网络中所获得的，来自他人在物质和精神上的帮助和支援。一个完备的支持系统包括亲人、朋友、同学、同事、邻里、老师、上下级、合作伙伴等，还包括由陌生人组成的各种社会服务机构。社会支持系统是我们健康生活的重要保障。

我们要提高承受挫折的能力，应建立和谐的人际关系，营造自己情感的社会支持系统。当人遇到挫折时，一般都伴有强烈的情绪反应，处于焦虑和痛苦之中。这时，如果有几个好朋友或者亲友能够给予安慰、关心、支持、鼓励和信任，将有效地缓解心理压力和降低情绪反应，从而增强对挫折的承受力。所以，当我们遇到挫折时，不应将自己封闭起来，而应尽快找自己的好朋友和家人进行沟通，寻求他们的支持和帮助。

心理案例

开朗的晓涛又回来了

晓涛是数控铣工专业的学生，一年级的时候，他积极向上、品学兼优。到二年级，先是竞选班长失利，接着演讲比赛没能如愿拿到名次，后来又未能入选校足球队，最近最疼爱他的爷爷又去世了。晓涛心里很难受，上课经常走神，整天恍恍惚惚的，成绩也退步了，同学们觉得晓涛像变了一个人似的。

上实训课时晓涛多次违反操作规程挨了老师的批评，他觉得委屈。他向自己最好的朋友佳佳倾诉，佳佳陪他到公园散步，一起唱歌，一起打球。晓涛躺在草坪上，想象着自己是一只快乐的小鸟，脸上不禁露出了笑容，那天晚上回到学校，晓涛把这些感受全记下来，心情好多了。第二天，晓涛冷静多了，想到爷爷对自己的期望，决心好好学习，同时也不断地激励自己，对自己说："我很坚强，我一定能行。"经过努力，晓涛终于在期末考试中获得了优异的成绩。原来那个自信开朗、精神焕发的晓涛又回来了！

【心理分析】本案例中，佳佳是晓涛的"社会支持系统"中重要的一员。在连续遭遇挫折、身处逆境时，良好的"社会支持系统"给了晓涛信心和能量。众多研究表明，社会支持系统具有维护健康和预防疾病这两大基本功能。

当一个人遭受挫折陷入不良情绪无法自拔时，可以寻求心理咨询师进行专业疏导。受挫者在心理咨询师的引导下，校正认知上的偏差，用新的、正常的经验代替旧的、反常的经验，消除心理障碍，发挥内在潜力，明确前进方向，化解不良情绪和行为等反应，最终促进心理上的成长，提高挫折承受力。

孟子说："故天将降大任于斯人也，必先苦其心志，劳其筋骨，饿其体肤，空乏其身，行拂乱其所为，所以动心忍性，曾益其所不能。"因此，一个人想要有所成就，就必须经受住磨炼。

课后活动

活动一：我的应对

从学习、工作、生活等方面，列出未来5年可能遭遇的挫折，想想该如何应对。

活动二：为自己颁奖

在成长的过程中，每个人都曾跨越过一个又一个障碍，取得了一个又一个成功。当你从生命的深处发掘出潜能，凭借坚实的信念、坚强的信心和无畏的勇气，坚持走出生命的泥潭，去体会人间的温暖、成功的喜悦及奋斗的酣畅淋漓时，你不想为自己喝彩吗？你不想为自己颁发一张奖状吗？

请给自己写一则简短的颁奖词并颁发一张奖状。

交往篇

· 第 11 课　学会和谐人际交往

· 第 12 课　战胜嫉妒学会宽容

· 第 13 课　架起人际沟通桥梁

· 第 14 课　善待青春异性友谊

· 第 15 课　正视合作竞争关系

第 11 课　学会和谐人际交往

在漫长的人生旅途中，人们追求高质量的生活，需要人与人之间的真诚、理解、和睦相处；人们追求事业上的成功，需要良好的人际关系，需要大家团结、互助、平等、友爱。

正如一位哲人所说："一个没有交际能力的人，犹如一艘陆地上的船，永远也不会漂泊到人生大海的彼岸。"我们要学会人际交往的基本原则，掌握人际交往的技巧，克服人际交往的障碍，在人际交往中享受学习、生活的快乐。

案例导入

富人的烦恼

有个富人想逃避城市的喧嚣，一个人单独生活，于是他在荒无人烟的地方买了一大块土地隐居起来。过了一段时间，他想喝牛奶，于是买了一头奶牛。奶牛要照看，他又雇了一个女佣。这个女佣需要同伴，也要结婚和住房，他请来了建筑工人。建筑工人要用原材料和工具，于是不断地涌来了铁匠、木匠、伐木工、搬运工等。这些人要吃饭穿衣，于是一些农民在附近种粮种菜，纺线织布，来的人越来越多，这里逐渐变成了一座城市。富人的本意是想逃离城市，结果却被一座新的城市包围。

人是群居的动物，我们的一切需要都离不开社会，在社会生产或生活中形成各式各样的人际关系，推动着社会和人类自身的发展和进步。

一、认识人际关系的内涵

1. 人际关系的含义

人际关系也称人际交往，是人与人在交往中建立的心理上的联系。从动态上讲，人际交往指人与人之间一切直接或间接的相互作用，但都超不出信息沟通、物质交换与情感交流的范围。从静态上讲，人际交往指人与人之间通过动态相互作用形成的情感联系。

在心理学上，按照交往的范围，人际关系可分为三类：个体与个体之间的关系，如同学关系、朋友关系、师生关系和亲子关系；个体与群体之间的关系，如个体与家庭、学生与班级之间的关系；群体与群体之间的关系，如班级与班级、学校与学校之间的关系。从交往的亲近程度上看，人际关系可分为普通关系、友情关系、亲密关系。

2. 人际交往的作用

众多的心理学研究和生活经验表明，人际交往在我们的生活中有着举足轻重的作用。我国心理学家丁瓒曾说："人类的心理适应，最重要的就是对人际关系的适应，所以人类的心理失衡，很多是由于人际关系的失调而来的。"

（1）人际交往过程实际上就是彼此传播信息、交流知识经验和思想的过程。每个人对客观世界的认识、兴趣、经验和体会，往往在交流中会自觉或不自觉地流露出来，并传递给周围的人。一位作家说过："你我是朋友，各拿一个苹果，彼此交换，交换后仍然各有一个苹果。倘若你有一种思想，我也有一种思想，彼此交换，我们每个人就有了两种思想，甚至多于两种思想。"人际交往获得的思想和信息往往比书本上获得的知识更直接、更广泛、更迅速。"听君一席话，胜读十年书"说的就是这个意思。

（2）在交往中我们能通过自我认知和他人的反馈知道自己的和他人的优缺点，从而促进我们对自己和对他人的认识。

（3）人际交往的过程是沟通情感和增进友谊的过程。良好的人际关系可以帮助我们减少生活中的孤独感，使我们的身心和生活趋向和谐。

3. 影响人际交往的心理因素

（1）认知。认知指个体对人际关系的知觉状态，是人际关系的前提。人与人的交往首先是从认知开始的，否则，就不可能建立人际关系。认知包括对自己的认知、对他人的认知以及对交往本身的认知。正确的认知是建立良好人际关系的前提，它使个体能够在交往中更好地、有针对性地调节与他人的关系。

（2）动机。动机在人际关系中具有引导、指向和强化功能。人与人的交往总是源于某种需要、愿望与诱因。

（3）情感。情感是调节人际关系的重要因素，人们在交往过程中总是伴随着一定的情感体验，如满意与不满意、喜爱与厌恶等。情感往往被当作判断人际关系好坏的指标，人们正是根据自身的情感体验不断调整人际关系。

（4）态度。态度指人们对事物具有的稳定性和评价性的心理倾向，它不是某种心理过程而是全部心理过程的具体表现，认知、动机、情感同时在其中起作用。

二、人际交往基本原则和技巧

1. 和谐人际交往原则

人际交往包括很多的方法和技巧，但都必须在一定的原则指导下才能运用自如。

（1）平等原则。平等原则是人际关系的首要原则。人际交往中，双方在身份、地位、影响力和信息的不对称等方面存在差异，但在人格上是平等的，没有高低贵贱之分。只有平等待人，让交往双方感到轻松、安全与尊严，才能建立良好的人际关系。

（2）相互性原则。人际交往是一种双向行为，它的基础是彼此重视和支持。一般来说，我们倾向于喜欢那些喜欢我们的人，接近那些接近我们的人；同时，我们也倾向于排斥、疏远那些排斥、疏远我们的人。接纳、支持、喜欢与我们交往的人，才容易获得人际关系的主动地位，你来我往的交往才能长久。

（3）交换性原则。人际交往是社会交换的过程。人们都希望人际交往对自己来说是值得的，希望得到的大于或等于失去的。人际关系的建立和发展取决于双方根据自己的价值观的选择。但是，在人际交往中要尽量淡化功利化的影响，用心交往，互相关心、互相爱护。只有付出和奉献才能长久地互惠互利，才能维护好人际关系。

（4）自我价值保护原则。自我价值是个体对自身价值的意识与评价。自我价值保护是一种防止自我价值遭到贬低或否定而采取自我支持倾向的心理活动。我们倾向于喜欢那些喜欢我们的人，接近那些接近我们的人，就是自我价值保护的表现。因此，志同道合的人往往情谊深长。

心理案例

真挚的友情

管仲和鲍叔牙年轻时非常投缘。两人曾合伙做买卖，管仲家里穷，拿不出多少本钱来，鲍叔牙也不在乎。如果买卖赚了钱，管仲要多分一些，鲍叔牙也心甘情愿。因为他知道管仲不是贪财，而是急等钱用。

他俩还一起当过士卒，打起仗来冲锋时，管仲在后，鲍叔牙在前；败退时，管仲在前，鲍叔牙在后。别人都说管仲是胆小鬼，但鲍叔牙却替他辩护说：管仲是家中独子，家里还有老母亲需要他奉养。他可不是胆小，他是块做大事的料。管仲曾感慨地说："生我者父母，知我者鲍叔牙！"

后来，管仲因为错保公子纠得罪于齐桓公，鲍叔牙在齐桓公面前力保管仲，并推荐管仲当了齐国宰相。到了管仲病重，临死时，齐桓公到病榻前询问谁可继任为宰相，管仲并没有推荐鲍叔牙，而且说："鲍叔牙为人贤良，但过于疾恶如仇，不是当宰相的料。"

后来，一些小人把这话传给鲍叔牙，想挑拨管仲与鲍叔牙的关系，没想到鲍叔牙却说："管仲说得对，如果让我当宰相，我首先把你们这些小人杀干净。"

【心理分析】管鲍之交之所以能成为典范，流传千古，是因为他们的交情基础不是利害关系，不是互相利用、互相吹捧，而是真诚相待、互相成全。

心理体验

请谈谈你对下列观点的理解：

1. 人们的交往具有互利性，就是功利，互相利用。
2. 见到富人毕恭毕敬，见到穷亲戚趾高气扬。
3. 爱人者，人恒爱之；敬人者，人恒敬之。
4. 为了获得对方的友好就要投其所好。
5. 凡是好友喜欢的，我就喜欢；好友反对的，我就反对。
6. 礼尚往来。

2. 和谐人际交往技巧

（1）改善自我认知，提高个人吸引力。人际交往虽然是处理人与人之间的关系，但是首先要处理好自己与自己内心的关系，即正确的自我认知。我们渴望人见人爱，但这是很难做到的。提升个人修养、树立良好的个人形象容易获得他人的好感。

（2）增加交流，增进感情。多与人接近，多沟通，可以拉近彼此距离，增加熟悉感。不要吝啬对他人的肯定和表扬，同时适当自我展露特长，与他人共享自己内心的感受和信息，能较好地增加彼此的感情和信任。

（3）学会换位思考，增强同理心。同理心指的是设身处地对他人情绪和情感的认知性的觉知、理解和把握，主要体现在情绪自控、换位思考、倾听能力以及表达尊重等与情商相关的方面。简单来说，同理心就是将心比心。同样的时间、地点、事件，把当事人换成自己，设身处地地去感受、理解他人的立场和想法，站在他人的角度思考和处理问题。

心理案例

鹈鹕和仙鹤

一天，仙鹤请鹈鹕吃茶点。“您真是太好了！”鹈鹕对仙鹤说，“哪儿也不会有人请我吃饭。”“我是非常高兴请您的，您的茶里要放糖吗？”仙鹤递上一缸糖给鹈鹕。

“谢谢。”鹈鹕边说边把半缸糖倒进了他的杯子，另一半都撒在地上了。“我几乎没有朋友！”鹈鹕又说。

“您茶里要放牛奶吗？”仙鹤问道。

“谢谢。”鹈鹕说着又倒了一半牛奶在杯子里，其余的全泼在桌子上了，把桌子搞得一塌糊涂。

“我等啊等啊，没有一个人来请我。”鹈鹕又接着说。

“您要小甜饼吗？”仙鹤又问道。

“谢谢。”鹈鹕说着又拿起小甜饼往嘴里填，饼的碎屑撒了一地。

“我希望下次您再请我来。”鹈鹕又说。

“或许我会再请您的，不过这几天我太忙了。”仙鹤说。

“那么下次见。”鹈鹕说着吞了几个小甜饼，然后用餐巾擦了擦嘴走了。

鹈鹕走了以后，仙鹤摇摇头叹了口气，无可奈何地打扫这狼藉的餐桌。

【心理分析】如果鹈鹕能学会换位思考，或许它会懂得为什么没有人愿意和它交朋友、愿意请它了。无论是面对恋人，还是面对朋友、同事，成为真正能够懂得换位思考的人，会更容易收获融洽的人际关系。

三、常见的人际关系处理方法

1. 建立良好的家庭关系

父母是赐予我们生命的人，是陪伴我们成长的人，是我们人生中最初和终生的朋友和老师。百善孝为先，对父母好是最基本的人性要求。我们生命中许多的“第一次”都是与父母共同分享的，我们该如何与父母相处呢？

心理案例

总金额为零的账单

星期天晚上，小宇给妈妈写下了一份账单：帮妈妈到超市买食品，妈妈应付5元；起床叠被，妈妈应付2元；擦地板，妈妈应付3元；自己是一个听话的好孩子，妈妈应付10元；合计20元。小宇写完后，把纸条压在餐桌上，上床睡觉去了。

忙得满头大汗的妈妈看到这张纸条，宽容地笑了笑，随手在上面添了几行字，放到小宇枕边。

醒来的小宇，看到了这样一张账单：妈妈怀孕10个月将小宇生下来，小宇应付0元；妈妈教小宇走路、说话，小宇应付0元；妈妈每天为小宇做好吃的，小宇应付0元；妈妈每个周末陪小宇去儿童乐园，小宇应付0元；妈妈每天教导小宇，希望他成为天使般可爱的小男孩，小宇应付0元；账单合计0元。

这张纸条，至今仍被小宇珍藏着，它告诉小宇，真正的爱是无法计量的。

【心理分析】世界上的爱有很多种，但只有一种爱的付出是本能的，不索取回报的，那就是父母对子女的爱。父母的爱并不一定是惊天动地的，更多体现在日常生活中的点点滴滴。我们期盼父母的爱的同时，也要多一份对父母的理解和尊重。

心理体验

请你回想一下，在亲子关系中你和父母都付出过什么？又得到了什么？试着列出一张清单：

父母__________（关心/不关心）我，表现在______________________________。

我__________（关心/不关心）父母，表现在______________________________。

父母__________（尊重/不尊重）我的想法、意见，表现在__________________。

我__________（尊重/不尊重）父母的意见，表现在________________________。

我最希望父母做出的改变是______________________________________。

父母最希望我做出的改变是______________________________________。

（1）对父母的态度要温和。进入青春期后，我们对父母的崇拜、依赖、依恋、顺从减弱，这称为“离巢”现象。而我们的突然长大也使父母失落很多。我们要理解父母的心情，不要采取偏激的行为方式，对他们的态度要温和。

（2）要表现出一定的独立能力。试着去关心父母，帮他们做做家务，谈谈家庭经济，谈谈理想，让他们觉得“我们的孩子长大了，已经具有一定的独立能力”。这样，父母自然就不会过多地干涉我们的行动了。

（3）主动与父母沟通。主动与父母沟通正是我们越来越成熟、越来越独立的表现。坐下来，跟爸爸、妈妈谈谈烦恼、理想，父母会很诚恳地与我们交谈，从中我们可以得到很多有益的启示。

如果觉得和父母之间的沟通不够顺畅，不妨试试下面几招：

1）将和父母经常发生争执的事情列一张清单。

2）弄清楚是什么让我们如此心烦或生气。是因为父母不同意我们的意见，还是因为他们不明白或不愿了解我们的观点？

3）确定公正合理的妥协方案。确定一个既能让我们接受，也能被父母采纳的解决方案。注意：妥协意味着我们必须放弃一些要求，并不是说我们可以随心所欲。

4）安排合适的时间和父母沟通。别在吃饭的时候谈，而是事先约定好，告诉他们有个重要的议题。

5）谈话时带上交流提纲。这样可确保在情绪激动时不会离题，甚至可以考虑像发表演讲一样，向父母宣读这个提纲。

6）在和父母谈话前，做几次深呼吸，冷静地思考一下。向自己承诺，即便是在父母声调提高的时候，我们也不大声说话或指责攻击。

7）当我们陈述完毕，再深吸一口气，然后让父母说话，倾听他们要说的话。即使不喜欢他们说的那些话，也要心平气和，敞开我们的胸怀认真听。

8）避免感到压抑或沮丧。不要打断他们，不要插话反驳，要认真听取并理解他们所说的话。

9）如果父母反对我们的提议，情绪不要激动。感谢他们能抽出时间来商议，同时对不能达成妥协表示失望。

10）如果父母接受了提议，应表示感谢，并保证不会让他们失望。然后要做出必要的行动，以向他们表明我们支持他们所做出的正确决定。

11）无论结果如何，做父母要求做的事。通过配合他们的期望，我们建立了信任，展现了成熟。作为回报，将来有一天他们会更乐意改变自己的立场。

12）如果议题非常敏感，最终未能达成一致，问问他们，究竟要怎样做才能让他们考虑我们的建议。

13）如果结果让我们失望，别大发脾气。回到房间，在日记里写下感受，或到户外活动宣泄情绪。

心理体验

回忆自己与父母面临同样的问题时，各自的态度和行为。

（1）当我生病时，父母的言行：________

（2）当父母生病时，我的言行：________

（3）当我回家时，父母的言行：________

（4）当父母回家时，我的言行：________

（5）父母对我说的最多的话：________

（6）我对父母说的最多的话：________

（7）当父母有困难时，我是这样帮助他们的：________

（8）当我有困难时，父母是这样帮助我的：________

（9）面对父母的缺点，我的言行：________

（10）面对我的缺点，父母的言行：________

填写一份亲情卡，并把此卡带给父母，倾听父母的意见。

家庭成员	职业	年龄	生日	爱好	个性	特长	愿望	烦恼
爸爸								
妈妈								
我								
我可以：								

我们在家的蓝天下沐浴着爱，当然有时会有暴风骤雨，这需要我们承担自己的责任，与家人相互理解、体谅、帮助，这样才能使我们的家成为避风的港湾，生活更和谐。

2. 建立友好的同学关系

从小学、初中到现在，陪伴在我们身边，与我们朝夕相处，一同成长的是我们的同学。同学关系是人际关系的重要组成部分。同学之间的人际关系始终是影响心理健康发展、影响校园学习生活质量的重要因素。

心理案例

我做错了什么？

2021级面点班的小珍，性格外向，平时乐于帮助同学。但最近不知道怎么回事，宿舍的同学不太爱搭理她，而且班里的同学也开始疏远她。尤其是昨晚，她和宿舍一位同学发生了摩擦，其他人竟然合起伙来攻击她。她不明白自己到底做错了什么。

老师了解情况后，特意安排小珍和宿舍的几个同学聚到一起，在老师的引导下，大家开始说出了心里话……

一位同学说："你脾气特别急躁。记得有一次我和你说得起劲，你却不耐烦地打断我，说你早知道了，不想听我啰唆。当时我觉得挺尴尬的，以后有什么想跟你分享的，也都忍住了。"

一位同学说："还记得上次你当着全班同学的面开我玩笑吗？如果是我们宿舍的几个人，那没关系，可当着其他同学的面，太难为情了，我不喜欢我的隐私被太多人知道。"

还有同学说："有次我问你面点的配方，我知道对你来说很简单，可我当时请假了，这个知识点落下了，你一来就说我连这种题目都不会，而且讲得特别快，我根本听不懂。后来我又去问了别人，人家有耐心，会和我一起思考。"

【心理分析】同学关系单纯而敏感，同住一间宿舍，空间有限，难免发生磕磕碰碰的事，需要大家多交流，倾听各自的心声，互相包容和帮助。

我们的同学来自不同的地方，各人有不同的生活习惯、脾气禀性、兴趣爱好，要面对这些给我们和睦相处带来的挑战，需要做到以下几点。

（1）平等尊重，热情大方。世界上没有完全相同的两片树叶，我们的同学或开朗或深沉，或含蓄或坦率，或豁达或缜密，千差万别。我们应该平等对待每一个同学。与同学见面主动热情打招呼，举止大方；交谈中要讲文明语言；尊重同学的人格尊严；不嘲笑、讽刺、挖苦和侮辱同学等。

（2）与人为善，互相帮助。生活中误会是常有的，我们要抱着与人为善的态度，以他人之乐为乐，为他人之喜而喜，与他人友好相处。在此基础上，相互关心和帮助可以帮助我们建立友好关系，收获好人缘。

（3）为人谦虚，以诚相待。谦虚是一种美德，同学之间要互相学习、共同提高。同时以真诚的态度对待他人，获得对方的信任与理解，才能赢得真正的同学友谊。

（4）宽容大度，学会体谅。同学之间能否友好相处，在很大程度上取决于彼此的相容程度。常言说得好："将军额头跑得马，宰相肚里能撑船。"我们应该宽宏大量，严于律己，宽以待人。处理矛盾时求同存异，不为一丁点小事僵持不下，斤斤计较。学会体谅他人的难处，包容他人的小缺点。

（5）改变自己，摒弃恶习。清高、傲气往往让人敬而远之；狭隘、自私遭人厌弃；吝啬、刻薄更让人鄙视；花言巧语、爱耍手腕会被人唾弃等。另外，还有些不良的行为习惯，如不注意个人卫生、粗言秽语等，都会影响到同学关系。所以，改变自己、摒弃恶习是处好同学关系的重要前提。

心理体验

请同学们仿照下面的例子，把日常交往中与同学发生冲突、误会并使你至今困惑而无法解决的事例写下来，每人提出至少一个事例，找出至少两种解决办法。

例：

1. 被取“绰号”——小胖猪，有被嘲笑、侮辱的感觉，心里很不好受。

（1）直接告诉同学：“我不喜欢这个绰号，请不要这样叫我。”

（2）绰号只是个符号而已，也许同学觉得我可爱呢，想叫就叫吧。

2. 交往中被同学误解怎么办？

（1）冷静下来找出原因，或者与同学坦诚交流，请对方指出自己的不足。

（2）请其他同学做中间人帮忙消除误会。

（3）人生自古谁无错，一笑了之。坚信没有解决不了的问题，没有化解不了的误解。

3. 在交往中发现有的同学缺点很多，如自私、冷漠和不合群等，怎么办？

（1）真诚地和他们交谈，用行动感化他们，使他们成为我们的知心朋友。

（2）学会赞扬别人，帮他们树立信心。

（3）学会包容别人的缺点，给他们一定的时间改掉缺点。

4. …………

3. 建立和谐的师生关系

师生关系作为学校环境中最重要的人际关系贯穿整个教育过程，影响我们学习的成效和学习目标的实现，影响我们的心理健康和全面发展。

心理案例

扬长而去的小勇

静悄悄的教室传来音乐声，同学们不约而同地朝一个方向看去，原来是班上最不愿学习的小勇正戴着耳机摇头晃脑地听着音乐，刚才是他故意拔掉耳机后手机传出来的声音。老师走到小勇的座位旁两次示意小勇注意课堂纪律，谁知，小勇根本没将老师放在眼里，若无其事地继续听他的音乐。于是，老师停下上课，对小勇说：“把手机给我！我暂时替你保管。”随后收走他的手机。同学们都看着小勇，不知下面将要发生什么事。只见小勇一跃而起，大声地叫老师把手机还给他，嘴里还骂骂咧咧，教室里一下子骚动起来。老师加重了语气说："小勇，请你安静下来，不要影响其他同学，我们下课再谈。"谁知小勇气呼呼地说："不就是听听音乐吗？大不了不上你的课，多大个事。"说完便扬长而去。

【心理分析】小勇在课堂上违纪，老师多次制止非但无效，冲突反而升级。没有规矩不成方圆，我们应当遵守课堂教学秩序，共同维护好课堂纪律。在此事件中，小勇无视课堂秩序，影响课堂教学，冲动行为无益于解决任何问题。

正值青春期的我们，成人意识越来越强，怎样才能做到既自然又和谐地与老师相处呢？

（1）常有尊重之意。校园是一个老师和同学共同搭建的平台，缺少谁都会黯然失色。师生关系平等，应该建立在相互尊重的基础上。尊重老师，听从老师的教导，既是学生成才成长的需要，也是师生和谐相处的基本前提。

（2）常怀礼仪之道。遵守校园礼仪，是尊重知识、尊重教师的重要表现。礼仪不仅是为人之道，也是社会秩序的体现。遵守校园规章，特别是课堂的秩序和纪律，是对我们的基本要求。

（3）常用沟通之法。经常与老师沟通，拉近师生间的距离，让我们有机会学习更多的东西，获取课堂以外的知识。

（4）常存宽容之心。金无足赤，人无完人，老师不可能十全十美。学生对老师的不足与缺点应该善意提醒与谅解，帮助其完善，"教学相长"即是这个道理。

4. 慎对虚拟交际圈

随着信息技术的发展，网络已成为人们生活不可或缺的一部分。网络信息丰富、功能多样，为我们的学习和生活提供了很大便利，新的交际模式随之产生。与现实交往相比，网络交往有它独特的一面：

（1）交往主体的平等性。网络是一个"自由""平等"的世界，无论我们在现实生活中的身份如何，在网上只是一个代号，大家是平等的。

（2）交往角色的虚拟性。用户只要填写注册信息就可以获得身份，部分信息并未得到核实。这种虚拟的角色，使交往双方心理负担较小。需要注意的是，网络并非法外之地，我们仍需注意自我的言行。

（3）交往心理的隐秘性。网络交往虽然可以通过文字来表达意愿，但多是经过刻意加工的信息。我们不能仅凭文字，判断对方是否真诚。

（4）交往动机的多样性。有的人想通过网络学习知识，有的人想倾诉烦恼、交流情感。不同人对网络交流的期待是不一样的。

（5）交往过程的风险性。网络的虚拟性和隐秘性给了不法分子更多的可乘之机，增加了网络交往的风险性。在网络中，他们容易隐瞒身份和真实目的，假装关心对方，骗取对方信任，进而实施违法犯罪活动。

心理案例

“大哥哥”的骗局

小春是某职业学校二年级的学生，平时与班上同学交往不是很多，但却喜欢上网。她上网不是查找资料，也不玩游戏，就是喜欢聊天。她觉得在QQ里什么话都可以说，别人不知她是谁，网络上有一个网友特别能理解她、安慰她，每次都像大哥哥一样给她鼓励、给她信心。她越来越信赖“大哥哥”，甚至到了无话不说的地步。“大哥哥”轻而易举地知道了她的真实姓名、读书的学校、所在的城市、联系电话等。当然她也知道了“大哥哥”的“真实”情况。后来“大哥哥”约她见个面，她毫不犹豫地答应了。见面后“大哥哥”请她下饭馆、逛商场，她玩得很高兴，随后便听从“大哥哥”的安排，跟着“大哥哥”游山玩水去了。家长、老师、同学在多方寻找未果只能报警，随着案件的侦破，人们才知道小春被所谓的“大哥哥”拐卖到偏远的山村了。

【心理分析】年少单纯的小春没有区分虚拟世界和现实世界的不同，“大哥哥”利用网络交往的虚拟性和隐秘性作为掩护，假装理解和关心，骗取小春的好感和信赖。小春把他当成现实中的大哥哥，在心理上对“大哥哥”产生了依赖，心甘情愿地听从他的安排，以致被拐卖。

对涉世不深的学生来说，要特别谨慎地对待网上交友。我们要学会辨别真伪，在充分享受网络给我们提供便捷的同时，提高警惕，以免上当受骗。网络交友牢记“三不一要一忠告”：

1）“三不”。不轻易泄露个人的资料，包括真实姓名和地址、电话号码、学校名称等信息。不随意答应网友的要求，不轻易约见网友。

2）“一要”。要提高警惕、小心防范。

3）“一忠告”。匿名交友网上多，切莫单独去赴约。网上人品难区分，小心谨慎没有错。

《全国青少年网络文明公约》：要善于网上学习，不浏览不良信息；要诚实友好交流，不侮辱欺诈他人；要增强自护意识，不随意约会网友；要维护网络安全，不破坏网络秩序；要有益身心健康，不沉溺虚拟时空；要树立良好榜样，不违反行为准则。

网络交际不能代替现实生活的社交活动。我们要加强现实生活中的人际交往，主动同父母、同学、朋友联系，分享喜悦和幸福，诉说烦恼和忧愁，相互帮助和支持。积极参与丰富多彩的校园文化活动，在活动中释放压力和不良情绪，让自己的校园生活充实愉快。

课后活动

交往小秘诀

1. 回音效应——付出什么就得到什么。
2. 自信、开朗的人更有魅力——喜欢你自己。
3. 谁都渴望和他人分享——要适当地自我袒露。
4. 话不投机半句多——学会寻找共同点。
5. 快乐是可以传染的——带着你的笑容上路。
6. 人性本善——适当地求助他人。
7. 深刻的第一印象——适度打点你的仪表。
8. 人人都喜欢得到接纳与认可——多给他人真诚的赞美。
9. 幽默永远是一种润滑剂——每天在口袋里装一个笑话。
10. 白天不懂夜的黑——在不了解的情况下不要轻易对他人做出判断下结论。
11. 硬币一定有正反两面——接纳他人的缺点。
12. 世上没有完全相同的两片树叶——允许自己与他人不同：保持自我的个性；也允许他人和自己不同：维护他人的个性。
13. 与他人同穿一双鞋——站在对方的立场和角度寻找“共鸣”。

【思考与实践】

1. 对照上面的“交往小秘诀”和网络交友“三不一要一忠告”进行自我人际交往的评价，看看自己能做到多少。

2. 学过本课之后你觉得自己的人际关系是否存在什么问题，如果有问题该怎么解决呢？

第 12 课　战胜嫉妒学会宽容

宽容是对别人的释怀，也是对自己的善待，只要心里装着宽容，就能拓展心灵空间和精神世界；嫉妒是心灵的恶魔，是人际交往的地狱，只有战胜嫉妒，才能抹去心灵的尘埃。

如同世界上找不到两片相同的树叶一样，我们也很难找到两个完全一模一样的人。学会悦纳，用愉快的心情去接纳与我们不同的人，用欣赏的眼睛看自己，用赞赏的眼光看他人，才能收获一份愉悦轻松的好心情。

让我们战胜嫉妒、学会宽容，让生活更和谐，让人生更美好。

案例导入

幸福的秘诀

一位老妈妈在她 50 周年金婚纪念日那天，向来宾道出了她保持婚姻幸福的秘诀。她说："从我结婚那天起，我就列出丈夫的 10 个缺点，为了我们婚姻的幸福，我向自己承诺，每当他犯了这 10 个缺点中的任何一项的时候，我都愿意原谅他。"有人问："那 10 个缺点到底是什么呢？"她回答说："老实告诉你们吧，50 年来，我始终没有把这 10 个缺点具体地列出来。每当我丈夫做错了事，让我气得直跳脚的时候，我马上提醒自己：算他运气好吧，他犯的是我可以原谅的那 10 个错误当中的一个。"

面对生活中的矛盾和不悦，如果我们能像老妈妈一样选择原谅、宽容和忍让，很多矛盾便能够得到化解，人与人之间的关系也会变得和谐，生活会有别样的幸福和快乐。

一、战胜嫉妒

1. 揭开嫉妒面纱

人们经常会说，我高兴、我伤心、我气愤，很少有人直言"我嫉妒"。喜、怒、哀、惧、爱、恶、欲七情中找不到嫉妒这个词。然而，嫉妒与这七种情绪关系密切，影响着人们的情绪。

嫉妒指人们为竞争一定的权益，对胜出者或潜在胜出者怀有的一种冷漠、贬低、排斥甚至敌视的心理状态。如我们常说的“吃不到葡萄说葡萄酸”，就是指嫉妒心理。

一般情况下，我们容易对与自己有竞争关系的人产生嫉妒心理。尤其当大家的年龄、性别、学历、地位等条件相似时，常表现出不服气、羞愧、愤怒、怨恨、憎恨等情绪和行为。轻者对他人产生抵触和对立，严重者会攻击甚至伤害他人。

人人都有嫉妒心，它会引导人们产生建设性行为和破坏性行为两种截然相反的行为。建设性行为是指在产生嫉妒心理后认为自己一定在一些方面不如人，要努力学习，完善自我，超越对方。破坏性行为是指个体认为别人没有理由超过自己，设法贬低他人，给他人制造障碍，期望他人失败。

破坏性行为是危险的，其后果往往也是严重的。“嫉妒是万恶之源。”嫉妒的危害主要表现在以下几个方面：

（1）破坏人际关系。嫉妒是人际关系的腐蚀剂，它会破坏人与人之间的和睦、友好和团结。当一个人嫉妒他人时，可能会把他人视为眼中钉，贬低甚至不择手段地散布流言、打击报复，从而造成人际关系恶化。

心理案例

妒火中烧的小颖

小颖自幼聪明伶俐，父母、亲友、老师都对她喜爱有加。

同班同学小敏是班里的干部，经常受到老师的称赞和同学的羡慕，让小颖心生嫉妒。于是小颖使劲在其他同学面前说小敏的坏话，中伤小敏。

最近，小敏成功当选学生会主席。小颖的心里就像着了火，烧得她吃不下饭、睡不着觉。她掏出手机，在朋友圈散布谣言，诋毁小敏的名誉。小颖的诽谤行为很快被公安部门侦破，小颖也因此受到了应有的惩罚。

【心理分析】小颖从小听惯了称赞与表扬，有很强的优越感。当同班同学小敏的表现超过自己时，她不能客观地接受，因失落感而产生了嫉妒。为找到心理平衡，小颖对小敏实施了贬损、羞辱、诽谤等破坏性行为。这些行为不仅伤害了人际关系，有些还触犯了法律，理应受到惩罚。

（2）阻碍自己发展。嫉妒者会把大部分精力集中在他人身上，对别人的关注甚至超过对自己的关注。对他们来说，让别人失败可能比自己成功所获得的快乐更大，这无疑会阻碍自己的发展。

（3）危害身心健康。嫉妒别人是同折磨自己紧紧连在一起的。一位作家说："嫉妒者所受的痛苦比任何人遭受的痛苦更大，因为别人的幸福和他自己的不幸，都将使他痛苦万分。"嫉妒者不能正确对待别人的进步与成绩，错误地将其与自己的失意联系在一起，心理上自然产生不平衡的痛苦情绪。如果这种消极情绪长久持续，将会引起多种心理问题，对人的身心健康十分不利。

心理案例

三气周瑜

小说《三国演义》讲了这样一个故事：周瑜是三国时期孙权的重臣，才华横溢，年纪轻轻就做了都督。但是，周瑜嫉妒诸葛亮的才华，三次设下计谋，要置其于死地，却被诸葛亮一一破解，自己反而被气死。一气——周瑜想攻下南郡，诸葛亮承诺不抢南郡，但他私底下叫赵云坐收渔翁之利，趁乱夺下了南郡，周瑜被气得头晕目眩。二气——周瑜用美人计将孙尚香许配给刘备，骗刘备来东吴做人质，逼诸葛亮拿荆州来交换。不料，诸葛亮让刘备与孙夫人安然回到荆州，使周瑜"赔了夫人又折兵"。周瑜大怒，口吐鲜血，伤口崩开。三气——周瑜一计不成，再生一计。东吴三番五次地要求刘备归还荆州，刘备和诸葛亮就以攻取西川后必还荆州为理由。他们却迟迟不攻取，此举令周瑜气急败坏。周瑜遂想出了过道荆州帮助刘备攻取西川，实则攻取荆州的计谋。此计被诸葛亮识破，使得周瑜被围，周瑜气急又加上旧伤复发，不治身亡，留下了"既生瑜何生亮"的感慨。

【心理分析】这个故事虽然是虚构的，但充分说明嫉妒对身心的危害。周瑜与诸葛亮不相上下，但周瑜心胸狭窄，嫉妒诸葛亮的才能，偏执地要置他于死地。失败时，周瑜不但不进行理性反思，停止偏执的错误行为，反而更加怨恨，失去理性，致使自己头晕目眩，口吐鲜血，直至旧伤复发，不治身亡。

心理体验

小组讨论：你有类似于下面的嫉妒心理吗？

1. 听到某同学要参加技能大赛，情绪低落，自暴自弃，或希望他失败。

2. 当某同学受到表扬或取得成绩时，就说该同学成绩虽然好，但是个马屁精，告诉大家在选优时不要选他。

3. 看到别人的身材、相貌比自己好，觉得别人是“绣花枕头”。

4. 看到别人穿着时尚的衣服，买了新手机，心里很不是滋味，恨不得找个机会砸烂。

5. 看到别人和漂亮的女生或优秀的男生走近，心里郁闷，不服气，找个机会挑对方毛病，打一架。

6. 看到别人舞跳得很好，自己不会跳，奚落对方：“看看，肚脐眼都露出来了，真丑!”

找一找你身边还有哪些嫉妒行为？

2. 克服嫉妒心理

我们要正确对待嫉妒，避免因嫉妒而产生破坏性行为。

（1）客观评价自己和他人。嫉妒他人的根本原因是不能客观地认识、看待和评价自己与他人，不能理性地对待自己的成败、得失，也看不到别人的优点与长处。

其实，每个人都有长处和不足，一个人不可能什么都比别人强。如果主观地认为自己应该在任何方面都比身边的人强，不允许或者不能接受别人超越自己，就无法摆脱嫉妒心理的困扰。因此，要战胜嫉妒，首先就要冷静、理智地看待自己和别人，接受自己的确在某些方面不如别人的事实，积极主动地调整自己的意识和动机，从而控制自己的行动和感情。

（2）悦纳自己，接受他人更强。悦纳自己与欣赏他人是克服嫉妒的最佳途径。每个人不可能是十全十美的，承认和善待自己的不足、悦纳自己是一种非常重要的能力。能悦纳自己的不足，就可以接受有些人比自己强的现实，进而欣赏和学习他人优点，嫉妒心理就失去了生存的空间。

心理案例

只看我有的

有一个叫黄美廉的女孩，从小就患上了脑性麻痹症。因为肢体失去平衡感，手足时常会不自觉乱动，口里也经常念叨着模糊不清的词语，模样十分怪异。医生根据她的情况，判定她活不过6岁。在常人看来，她已失去了语言表达能力与正常生活的条件，更别谈什么前途与幸福。但她却坚强地活了下来，而且靠顽强的意志和毅力，考上了大学，并获得了艺术博士学位。在一次与大学生交流会上，一位同学贸然地这样提问："黄博士，你从小就长成这个样子，请问你怎么看你自己？你有过怨恨吗？"在场的人都暗暗责怪这个学生，但黄美廉却没有半点不高兴，她十分坦然地在黑板上写下了这么几行字："一、我好可爱；二、我的腿很长很美；三、爸爸妈妈那么爱我；四、我会画画，我会写稿；五、我有一只可爱的猫。"

最后，她以一句话作结论："我只看我所有的，不看我所没有的！"

【心理分析】黄美廉没有因身体原因自暴自弃，始终善待不够完美的自己，"只看我所有的"，珍惜"我所有的"，创造了人生的奇迹。

（3）建立自信，欣赏他人成功。嫉妒别人是对自己缺乏信心的表现。一个对自己的能力充满自信的人，会欣赏他人的成功，而不会忌恨和恼怒。我们要学会正确归因，坦然面对自己与他人的成败，既能为别人的成功真诚喝彩，也敢于正视自己的失败。

（4）心胸宽广，提升心灵境界。心胸狭窄的人喜欢看到别人不如自己，并喜欢通过排挤他人来取得所谓的成功。而心胸宽广的人会欣赏和佩服他人的才华。要摆脱攀比心理，多向他人学习，自己和自己比，才能克服嫉妒，不断进步。

心理案例

将相和

战国时赵国舍人蔺相如奉命出使秦国，不辱使命，完璧归赵，被封为上大夫；又陪同赵王赴秦王设下的渑池会，使赵王免受秦王侮辱。赵王为表彰蔺相如的功劳，封蔺相如为上卿。老将廉颇认为自己战无不胜、攻无不克，蔺相如只不过是一介文弱书生，只凭着口舌之功却比他官大，对此心中很是不服。廉颇屡次对人说："以后我见了他，必定会羞辱他。"蔺相如知道此事后以国家大事为重，请病假不上朝，尽量不与他相见。后来，廉颇得知蔺相如此举完全是以国家大事为重，羞愧不已，向蔺相如负荆请罪。之后，两人和好，尽心尽力地辅佐赵王治理国家，国家无恙。

【心理分析】海纳百川，有容乃大；将相和，天下平。蔺相如受辱不惊，对廉颇的不服和挑衅不接招，廉颇知错就改，负荆请罪，两人均以国家利益为重，显示了博大的心胸和胆识。人际相处，不能唯我独尊、不把别人放在眼里、容不下别人。只有心胸宽广，尊重他人，才能和谐相处。生活中处处都有竞争，我们超越的不应该是别人，而是自己的胸怀。

（5）合理宣泄。当嫉妒心理还没有发展到严重的程度时，用各种合理的方式宣泄一下情感是相当必要的。比如，可以找一个知心的朋友或亲人，痛痛快快地说个够；或者借助各种业余爱好来宣泄和疏导，如打球、跑步、健身、唱歌、跳舞、下棋、旅游等。

（6）将嫉妒转化为动力。从积极的方面来看，嫉妒是个人追求自尊、进步的一种表现，具有推动作用。让嫉妒激发不甘落后的进取心，并转化为前进动力，是战胜嫉妒最为积极的方式。当别人超过自己时，不是去恶意打击、报复、中伤他，而是要取人之长补己之短，将嫉妒心转化为具有建设性的动力和热情，不断地提高自己，充实自己。

嫉妒并不可耻，嫉妒也不可怕。只要能正视嫉妒心理，并通过积极方式去应对它，我们就一定能战胜嫉妒，抹去心灵的尘埃，轻松愉快地生活。

心理体验

你有过因嫉妒伤害别人或一时糊涂无意伤害别人感情的经历吗？当时你是怎么想的？别人有没有原谅你？这些经历对你们的关系有什么影响？

你有过被别人嫉妒、伤害的经历吗？当时你的感受是什么？你有没有原谅别人？

二、学会宽容

1. 什么是宽容

宽容是指宽大有气量，能容忍别人。在人际交往中，宽容表现为以一种谅解和包容的心态和行为去对待不同的人和事，从固执和偏见中解脱出来，达到人与人的和谐共处与团结合作。宽容是高尚的心理品质和美德，其基础是与人为善。我们的生活需要宽容，要宽以待人。

心理案例

良马被吃之后

春秋时期，秦穆公丢失了一匹良马，被生活在深山里的三百多个乡下人捉到，他们把马吃掉了。官吏抓住这些吃马人，准备严惩。秦穆公说："君子不因牲畜而伤人。我听说吃马肉不喝酒会伤人。"于是，秦穆公赐酒请他们喝，并赦免了这些人。后来，秦国和晋国之间发生了战争，秦军被包围，秦穆公受伤，生命危急之刻，那些吃马肉的三百多人来支援秦军，秦穆公得以逃脱。

【心理分析】秦穆公一句"不因牲畜而伤人"显示出他宽大的气量，还赐酒给他们喝。其实"吃马肉不喝酒会伤人"的说法并没有依据，只不过是秦穆公为了赐酒的说辞，显示出秦穆公以德报怨、与人为善、宽容大气的胸怀。

2. 宽容的内涵

（1）人际交往中需要宽容。在社会生活中，每个人在生活环境、文化背景、生活方式、思维方式、行为习惯、个性特点等方面存在难以消除的差异。每个人都有保留自己意见和按照自己意愿去生活的权力，我们可以影响别人，但不能强迫他人改变。心胸豁达，尊重和理解别人，才能广交朋友。

人与人之间难免出现各种矛盾，人也会犯错误，吃亏、被误解、受委屈也不可避免，面对这些问题，最明智的选择就是学会宽容，提升心灵境界。

心理案例

六尺巷

清康熙年间，张英担任文华殿大学士兼礼部尚书。他老家桐城的官邸与吴家为邻，两家院落之间有条巷子，供双方出入使用。后来吴家要建新房，想占这条路，张家人不同意。双方争执不下，将官司打到当地县衙。县官考虑到两家人都是名门望族，不敢轻易了断。

这时，张家人一气之下写封加急信送给张英，要求他出面解决。张英看了信后，认为应该谦让邻里，他在给家里的回信中写了四句话：千里来书只为墙，让他三尺又何妨？万里长城今犹在，不见当年秦始皇。家人阅罢，明白其中含义，主动让出三尺空地。吴家见状，深受感动，也主动让出三尺房基地，“六尺巷”由此得名。

【心理分析】“六尺巷”所包含的谦和礼让精神实际上也是中华传统文化的精神，它的“宽”不只是宽在“六尺”上，而是“宽”在人们的心灵境界与和谐礼让精神上。它昭示了我国人民追求和谐的传统美德，闪耀着超越时空的思想光辉。

（2）宽容就是理解他人。也许有时别人的言行会让我们一时接受不了，也给我们带来了一定的伤害，此时我们应该提醒自己，冷静下来想一想，可能他人的言行有其自身的合理性。当我们无心冒犯别人的时候，我们希望别人也能这样宽容地对待我们。

心理案例

宰相肚里能撑船

三国时期，蜀国在诸葛亮去世后任用蒋琬主持朝政。他的属下有个叫杨戏的，性格孤僻，讷于言语。蒋琬与他说话，他也只应不答。有人看不惯，在蒋琬面前嘀咕说："杨戏这人对您如此怠慢，太不像话了！"蒋琬坦然一笑，说："人嘛，都有各自的脾气秉性。让杨戏当面说赞扬我的话，那可不是他的本性；让他当着众人的面说我的不是，他会觉得我下不来台。所以，他只好不作声了。其实，这正是他为人的可贵之处。"后来，有人赞蒋琬"宰相肚里能撑船"。

【心理分析】蒋琬没有因为位高权重而以权欺人、以势压人，而是尊重和容纳不同人的脾气秉性。我们要学会求同存异，包容他人的不同之处，才能与他人和谐相处，此谓"君子之道，和而不同"。

（3）宽容就是尊重他人。我们要学会求同存异，尊重他人的看法和意见，汲取精华，剔除糟粕。

心理体验

当我们因观点不同发生争论时，以下哪些做法是正确的？为什么？

1. 总认为自己正确，别人很傻。
2. 争论并不可怕，不同意见的争辩，会让人越辩越明，越接近真理。
3. 压制他人意见本身就是一种罪恶。
4. 我们可以不同意他人的观点，但应尊重别人说话的权利。
5. 争论就是要说服别人，否则就会没面子。
6. 赞同我的是朋友，反对我的就是敌人。

（4）宽容就是放下。宽容是温暖明亮的阳光，是人性善良的表现，它可以融化人内心的冰点，让这个世界充满浓浓暖意。人人都有痛苦，都有伤疤，动辄去揭，徒增新创，更难愈合。要学会放下，不执着于过去的是非和仇恨，原谅他人便是放过自己。

心理案例

为凶手垫付住院费

2007 年 3 月 12 日凌晨，出租车司机刘师傅在载客时遇到歹徒打劫。刘师傅被连捅三刀，搏斗中歹徒也受了重伤。刘师傅的妻子齐女士闻讯赶到医院，恰好碰到凶手没钱付住院费，她主动给凶手垫付了 1 000 元。这种以德报怨的做法成为社会各界热议的一个话题，见义勇为基金会的负责人说："把一个壮汉子捅成那样，夫人还能这样做，这充分展现了人道主义的精神。"

【心理分析】齐女士在愤怒和仇恨面前，表现出令人动容的大度和宽容，忘却仇恨，以德报怨。我们从中看到了人性的光辉，尤其值得我们敬重。对歹徒，我们当然要追究其法律责任，但受伤得到救助也是他的权利和人道主义的要求。受害者的家人为他垫付住院费，令人肃然起敬。

（5）宽容就是慈悲。人非圣贤，孰能无过。过而能改，善莫大焉。对待他人的缺点和不足、错误或过失，我们不要过分苛责，应该给他们自我反思和自我纠错的机会。

心理体验

小组讨论：我们班里或学校发生的哪些事可以宽容？哪些不能宽容？然后，各组分享一个宽容或不宽容他人的实例。

（6）宽容是有原则的，要讲究策略。宽容不是盲目地事事都要做出忍让，事事都要迁就别人；宽容不是懦弱，宽容也不等于纵容；宽容并不意味着是非不分、爱憎不明，也不是曲直不辨、麻木不仁。宽容要分清对象，分清是非，决不能迁就坏人、恶人，在原则问题上不能让步。

宽容是一种对别人的释怀，也是对自己的善待。一个人的胸怀能容得下多少人，才能够赢得多少人。

课后活动

课间风波

小嘉课间不小心将东东的笔盒碰掉了。可能产生以下四种情境：

1. 两人怒目而视，剑拔弩张。
2. 东东责怪小嘉动作太过粗鲁，小嘉忙道歉。
3. 小嘉责怪东东没把笔盒放好，东东微笑着不说什么。
4. 两人互说抱歉，相视一笑。

【思考与实践】

1. 分析上述四种情境会产生的结果，你会选择哪一种？
2. 如果你是东东的同桌，在这四种情境中，你会怎样做？

第 13 课　架起人际沟通桥梁

有人曾这样说过：“世界上没有一种能力是万能的，如果有的话，那一定是沟通。”我们从出生到成长，从学习到生活，无时无刻不在和别人沟通。无论我们在生活中扮演着什么样的角色，沟通始终是我们应该掌握的重要技能，是融入社会生活的重要手段之一。

培养卓越的沟通能力，架起沟通的桥梁，用我们的心灵与这个世界进行有效的对话，聆听心灵的呼吸，感受生活的美意！

案例导入

沟通是什么

小娟所在的旅游班正在召开以“沟通”为主题的班会，老师要求每个同学就“沟通”这一话题发表感言。轮到小娟，她走上讲台，微笑着开始她的“沟通”感言：

“有的同学说，沟通是桥，飞架南北，横跨东西，让心与心缩短了距离。

“有的同学说，沟通是一叶小舟，茫茫人海中，载着你我他，驶向宁静温馨的港湾。

“我要说：‘沟通是爱的升华，沟通是情的融洽，沟通原本就是生活的缤纷色彩。’”

小娟精彩的沟通感言，博得全班热烈的掌声。沟通是桥梁，沟通是小舟，沟通是阳光，沟通更是一把开启心灵之门的金钥匙。有了这把金钥匙，心结可以打开，矛盾可以化解，人际关系可以变得融洽。

一、沟通是心灵的桥梁

1. 沟通的含义

沟通是指信息传递和交流的过程，包括人际沟通和大众沟通。人际沟通是个体与个体之间的信息以及情感、需要、态度等心理因素的传递与交流过程，是一种直接的沟通形式。大众沟通，亦称传媒沟通，是一种通过媒体（如影视、报刊、网络等）中介的信息交流过程。沟通的本质是交流信息，理解对方，达成共识。

2. 沟通的类型

沟通可分为不同的类型。从功能看，可以分为工作沟通与情感沟通；从方式看，可以分为口头沟通与书面沟通；从渠道看，可以分为正式沟通与非正式沟通；从方向看，可以分为上行沟通、下行沟通与平行沟通；根据沟通是否存在反馈，可以分为单向沟通与双向沟通。另外，还可以分为现实沟通与虚拟沟通。

3. 沟通的要素

一个完整的沟通过程由信息源、信息、通道、信息接收者、反馈、障碍、背景七个要素构成。

（1）信息源。信息源主要指拥有信息并试图进行沟通的人，是信息沟通的主体。沟通的过程通常由他们发起，沟通的对象和沟通的目的通常也由他们决定。

（2）信息。信息是指沟通的内容，表达沟通主体的观念、需要、愿望等。它们必须被转化为各种可以被他人觉察的信号，包括语言的和非语言的。

（3）通道。通道是指信息传递的途径或媒介，如视觉沟通和听觉沟通。

（4）信息接收者。信息接收者是指接收信息的人。

（5）反馈。沟通过程是一个相互作用的过程，沟通双方不断地将自己接收到的信息反馈给对方。

（6）障碍。障碍是阻碍沟通进行的因素，在沟通过程中可能会发生在任何一个环节。

（7）背景。背景主要指沟通发生的情境，它是影响沟通过程的重要因素。

心理体验

体验沟通过程

下面我们进行一次单向的沟通活动——数字传递，活动后分析沟通过程中的要素。

步骤：

（1）同学们分成若干组，每组5～8人。每组选派一名组员担任监督员，监督别组执行游戏规则的情况。

（2）各组成员按纵列排好，主持人向全体参赛队员和监督员宣布游戏规则。

活动规则：

（1）各组最后一名组员到主席台看主持人给的一个数字，然后由后往前依次把这个数字告诉前面的组员，直到最前面的组员，最后由他将这个数字写到讲台前的白纸上（写上组名），看哪个队伍的速度最快、最准确。

（2）全过程不允许说话，后面一个队员只能够通过肢体语言向前一个队员进行表达，通过这样的方式层层传递，直到第一个队员将这个数字写在白纸上。

（3）比赛进行三局，每局休息1分钟。第一局胜利记5分，第二局胜利记8分，第三局胜利记10分，犯规、失败记0分。

（4）每组按三局得分总分排出名次，主持人宣布获胜小组名单。

4. 沟通的功能

沟通作为人类最基本、最重要的活动和交往方式之一，它的主要功能有：获取信息，思想交流与情感分享，满足需求、维持心理平衡，减少冲突、改善人际关系，协调群体内行动、促进效率的提高与组织目标的实现。

心理案例

费时费工

一位老教授将在一个重要会议上进行演讲，会议规格之高、规模之大是他生平首次遇到的，全家都为教授的这一次露脸激动不已。为此，教授夫人专门为他选购了一身西装。晚饭时，夫人问西装是否合身，教授说，裤腿长了两厘米，也能穿，影响不大。

晚上教授早早休息了，教授的妈妈却睡不着，老人家捉摸着儿子这么重要的演讲，西裤长了不体面，翻身下床，把西裤的裤腿裁剪掉两厘米，缝好烫平，一点也看不出痕迹之后，老人家满意地回屋歇息了。

早上五点多，教授夫人醒了，寻思着丈夫的裤腿太长，心想时间来得及，就顺手裁掉两厘米，缝好烫平，惬意地去早锻炼。一会儿，女儿也起床了，看到西裤，又顺手拿了过来，裁短两厘米，缝好烫平……

【心理分析】没有交流和沟通，就会出现越帮越忙，甚至是好心办坏事的情况。老教授一家人都想着帮他修改裤子，出发点是好的，结局却不尽如人意，可见沟通的重要性。

二、自评人际沟通状况

要想改善人际沟通，必须先系统地评价自己的沟通状况，可以根据自己独特的生活范围和交往对象来评价。这个评价过程其实是一个自我沟通的过程，一般可分为三个步骤：

1. 列明沟通情境和对象清单

闭上眼睛想一想，我们都在哪些情境中与人沟通，比如学校、家庭、聚会以及其他与人打交道的情境。再想一想，我们都需要与哪些人沟通，比如朋友、父母、同学、亲戚、老师、邻居、陌生人等。列清单的目的是要清楚自己的沟通范围和对象。

2. 评价自己的沟通状况

问自己如下问题：

（1）对哪些情境的沟通感到愉快？

（2）对哪些情境的沟通感到有心理压力？

（3）最愿意与谁沟通？

（4）最不喜欢与谁沟通？

（5）是否经常与多数人保持愉快的沟通？

（6）是否常感到自己的意思没有表达清楚？

（7）是否常误解别人，事后才发觉自己错了？

（8）是否与朋友保持经常性联系？

（9）是否经常懒得给人写信或打电话？

客观、认真地回答上述问题，有助于了解自己在哪些情境中、与哪些人的沟通状况较为理想，在哪些情境中、与哪些人的沟通需要着力改善。

心理体验

心理测试：测测自己的人际沟通满意度

如果把你的人际沟通满意度用满分10分去评价，你与不同的人沟通可以打几分？

	很不满意					→				很满意	
与爸爸沟通	0	1	2	3	4	5	6	7	8	9	10（　　）
与妈妈沟通	0	1	2	3	4	5	6	7	8	9	10（　　）
与好朋友沟通	0	1	2	3	4	5	6	7	8	9	10（　　）
与同学沟通	0	1	2	3	4	5	6	7	8	9	10（　　）
与老师沟通	0	1	2	3	4	5	6	7	8	9	10（　　）

算一算我的总分＿＿＿＿＿＿，我的平均分＿＿＿＿＿＿＿＿＿＿＿＿。

我的最高分是与＿＿＿＿＿＿沟通，满意度＿＿＿＿＿＿＿＿＿＿＿＿。

我的最低分是与＿＿＿＿＿＿沟通，满意度＿＿＿＿＿＿＿＿＿＿＿＿。

3. 评价自己的沟通方式

问自己如下三个问题：

（1）通常情况下，自己是主动还是被动与别人沟通？

（2）在与别人沟通时，自己的注意力是否集中？

（3）在表达自己的意图时，信息是否准确、恰当？

主动沟通者与被动沟通者的沟通状况往往有明显差异。研究表明，主动沟通者更容易与别人建立并维持广泛的人际关系，更可能在人际交往中获得成功。

沟通时保持高度注意力，有助于了解对方的心理状态，并能够较好地根据反馈来调节自己的沟通过程。没有人喜欢自己的谈话对象总是左顾右盼、心不在焉。

在表达自己的意图时，一定要注意使自己被人充分理解。沟通时的言语、动作等信息如果不充分，则不能明确地表达自己的意思；如果信息出现冗余，也会引起信息接收方的不舒服。例如，一不小心踩了别人的脚，那么说一声“对不起”就足以表达歉意，如果还继续说：“我实在不是有意的，别人挤了我一下，我不知怎么就站不稳了……”这样反倒令人反感。因此，信息充分而无冗余是最佳的沟通方式。

通过前面三个步骤，我们一定能够发现自己的不足，从而确定改进重点。例如，觉得沟通范围狭窄、主动性不够，则需要扩大沟通范围，我们可以规定自己每周与两个素不相识的人进行交流，如问路、说说天气等；感觉忽略了与友人的联系，则需主动发微信、打电话。不必害羞，没有人会耻笑我们的主动，相反，对方可能还会欣赏我们的勇气呢！

心理体验

你希望提高自己的沟通能力和改善沟通状况吗？请为自己制订一份详细的、循序渐进的改善计划，并将选定的改善目标与实际生活联系在一起，转化成可以在日常生活中实施的具体做法。

改善沟通状况计划

通过对自己人际沟通状况的评价，我了解到自己的不足，决定改善自我的沟通状况，现制订如下计划：

一、我要改善的内容

1. 不善于和老师沟通。

2. 沟通范围狭窄。

3. …………

二、我的具体做法

1. 每个星期主动找老师谈心一次。

2. 平时加强电话或网络沟通。

3. …………

姓名：

日期：　　年　　月　　日

三、掌握人际沟通艺术

人际沟通不仅是一门学问，更是一门艺术，它包括很多的方法和技巧。方法用得恰当，技巧用得灵活，才能有效沟通，提高沟通效果。

心理案例

聪明的便条纸

工作年会上，总经理正在讲话，大家都聚精会神地听，行政主管发现总经理遗漏了一项重要的行政决定，他不慌不忙地在便条纸上写下“关于……的决定”，然后偷偷地递给总经理，希望提醒他把此决定在会上公布一下。行政主管的做法很明智，如果等总经理讲完话，行政主管急忙站起来，补充说明一番，可能会引起总经理的不满：“你以为我把那项决定忘在脑后了？我记得比谁都清楚，只不过我认为暂时不宜在会上宣布，没想到你自作聪明，招呼都不打一声，就宣布了。”如果总经理真的忘了，而行政主管不说，那行政主管就会挨批评：总经理会认为他根本心不在焉，这么重要的事都不提醒一下，以后很难信任他。

【心理分析】行政主管选择了一种合适的方式，即不明言，该提醒的也提醒了，至于总经理说不说出来，由总经理决定。无论会有什么结果，总经理都不会责怪他。行政主管沟通的方法和技巧运用得当，实现了有效沟通。

沟通是通过交流信息和情感，最后达成一种共识的过程。有效沟通的技巧包括四方面：重视情感的交流、学会倾听、善用语言沟通技巧、重视体态语沟通技巧。

1. 重视情感的交流

不管是正式工作场合中人们的交谈，还是家庭成员之间的沟通，或者朋友之间的闲聊，都不仅仅是信息的交流，更重要的是情感的交流。情感是沟通的基础，对沟通的效果有着决定性的影响。有情感的交流与共鸣，才更容易产生共识。

沟通双方特别是沟通的发起者应觉察双方的情感处于一种什么样的状态、是否畅通。假如情感没有共鸣，甚至两人处于对峙状态，沟通就几乎是无效的。选择合适的时机和方式，培养一定的情感基础，拉近彼此的情感距离，有利于提高沟通效果。另外，沟通双方要形成良性互动，既要表达自己在沟通中的内心感受和情感，同时关注和积极回应对方的感受和情感。

2. 学会倾听

（1）倾听的意义。倾听是沟通的前提。有研究显示：领导人的沟通时间有45%花在听，30%花在说，16%花在读，9%花在写。我们有一张嘴，却有两只耳朵，就是让我们多听少说。

有些人非常善于表达，但是沟通的效果却不尽如人意，原因就是说得太多，而不愿去倾听和感受对方，因而只是一个人的表演而已。倾听越多，我们掌握的信息也就越多，我们就会变得越聪明，就会被更多的人喜爱和接受，就会成为更好的沟通者。

心理案例

妹妹的恐惧

妹妹在阳台玩玩具，被马路上呼啸而来的消防车惊吓到，提高了声调喊着：“姐姐，快来快来……”

“好的。”我一边应着，一边走过去轻轻地抱着妹妹。

妹妹：“这是什么声音？我害怕。”

我：“哦，妹妹害怕这个声音。”

妹妹：“这个声音太大声了。”

我：“嗯，这是消防车的声音，就在楼下，妹妹要不要看一看？”

妹妹迟疑了一下：“要。”

我抱起妹妹，让她在窗台上仔细地看楼下的消防车和街上的情景。

我：“火警叫起来呜呜……”

妹妹：“呜呜……”妹妹忘了刚刚被惊吓到的事情，一脸开心地重复着。

【心理分析】姐姐听出了妹妹的声调变化，理解妹妹话语背后的惊恐，第一时间拥抱、安抚了妹妹，又帮着妹妹战胜对警报声的恐惧。

（2）倾听的建议。要想成为一个好的听众并非是一件容易的事。

1）及时回应，表达感受。在倾听的过程中要养成一个习惯，要认真地听，及时地回应对方，表达自己的感受。比如，在听的过程中适当地点头；再比如，回应对方“好！我也是这样认为的”或“不错”，表示我们在积极倾听，也表示我们在鼓励对方。

2）适时询问。当我们没有听清的时候，适时询问。

3）重复内容。在听完一段话的时候，我们可以简单地重复一下内容。

4）归纳总结。在听的过程中，要善于将对方的话进行归纳总结，更好地理解对方的意图，寻找准确的信息。必要时做些记录。

5）全面理解。全面理解对方的意思，不可断章取义。既要听出对方说出来的意思，也要听出对方的言外之意。

6）善于引导，但不要随意打断说话者的话题。无论多么想发表自己的见解，多么渴望一个新的话题，都不要随意去打断说话者。要默默地将想说的话记在心中，抓住合适的时机，再发表自己的见解。当发现对方偏离主题，或主题不合适，要善于及时引导对方回到主题或改变话题（或者话题的方向）。

倾听不仅仅表示谦恭，而且能带来巨大回报。所以，我们一定要学会认真倾听，才能提高沟通效率。

心理体验

请你判断下面这些情况是不是积极倾听：

1. 当别人在讲话的时候，你在想自己的事情。
2. 一边听一边与自己的观点进行对比，进行评论。
3. 没有听清别人的讲话就打断别人的话题去提问。

3. 善用语言沟通技巧

语言沟通是人们日常生活中最常用的交流方式。交谈、讨论、开会、聊天等都属于语言沟通。在语言沟通中，我们要善用以下的技巧：

（1）了解听众的特点，选择恰当的话题和语言。与他人对话时，要考虑对方的性别、年龄、文化层次、背景和个性等因素，根据这些因素来选择恰当的话题和语言，以便对方理解和接受，从而提高沟通效率。

心理案例

秀才买柴

有一个秀才去买柴，他对卖柴的人说："荷薪者过来！"卖柴的人听不懂"荷薪者"（担柴的人）三个字，但是听得懂"过来"两个字，于是把柴担到秀才面前。

秀才问他："其价如何？"卖柴的人听不太懂这句话，但是听得懂"价"这个字，于是就告诉秀才价钱。秀才接着说："外实而内虚，烟多而焰少，请损之。（你的木材外表是干的，里头却是湿的，燃烧起来，会浓烟多而火焰小，请减些价钱吧。）"卖柴的人因为听不懂秀才的话，于是担着柴就走了。

【心理分析】卖柴人没什么文化，听不懂书面语言，秀才没有考虑对方的情况，一味地使用难懂的语言，结果卖柴人听不懂秀才的话，买卖就没谈成。如果秀才使用通俗易懂的语言，沟通就会好多了。

（2）根据不同场合、不同时机恰当地表达。要恰当地表达，首先必须注意说话的场合。无论话题的选择、内容的安排，还是言语形式的采用，都应该根据特定情景的表达需要来取舍，做到灵活自如。如要注意场合的庄重与否、正式与否。其次，注意说话时机，创造轻松愉快的沟通气氛。

心理案例

说得恰当要比说得准确更好

一户人家生了男孩，全家高兴极了，满月的时候，主人抱出男孩来给客人看，想得到一点好兆头。

一人说："这孩子将来是要发财的。"于是他得到一番感谢。

一人说："这孩子将来是要做官的。"于是他得到几句恭维。

一人说："这孩子将来是要死的。"于是他得到一顿痛打。

【心理分析】前两个客人说的明显是客套话，最后一个客人说的是客观事实，但为什么结果不同呢？可见，说话要注意场合。

（3）适时运用幽默语言。幽默是人际关系中必不可少的"润滑剂"。一位心理学家说过："幽默是一种最有趣、最有感染力、最具有普遍意义的传递艺术。"幽默的语言能使社交气氛轻松、融洽，有利于交流。没有幽默感的人，就像没有弹簧的马车，路上的每一块或大或小的石头都会使其遭受颠簸。

心理案例

是鸡作祟

一次，一位作家在家中宴请几位朋友，不知什么缘故，几位客人在席间激烈地争论起来，情绪越来越激动。这位主人为了平息餐桌上的争论，提了一个十分意外的问题："诸位，刚才是一道什么菜？是不是鸡？"

"是的。"一位客人答道。

"一定是公鸡！"主人一本正经地说。"原来是鸡作祟，难怪惹得大家上火了。"说完他举起酒杯，"来点灭火剂吧，诸位！"

客人们笑着举起了酒杯，干戈顿时化为玉帛，一场餐桌上的争论偃旗息鼓了。

【心理分析】主人根据"公鸡好斗"的特点，利用双关语，巧借灭火剂（酒），幽默地化解了餐桌上一场激烈的争论。

如何有幽默感呢？保持幽默感有三大方法：

1）自嘲。自嘲常常是大智若愚的最佳幽默。一个人若懂得"自损"以衬托他人的优越，那他绝对是个成熟敏锐的人。

2）串联。串联亦称双关语，就是把两种不相关的观念或事物结合在一起，使人感到意外和惊奇。

3）逆转。一般人的思维通常都会顺着常理去想象，但是，如果把结果转移到一个意想不到的焦点上，就会使人忍不住想笑。

（4）掌握赞美技巧。得到赞美，是人的一般心理需求。赞美可以使人觉得自己被认同、被欣赏、被鼓励、被接纳，因而产生快乐与自信；赞美可以快速拉近彼此的心理距离，使自己获得更多的朋友；赞美可以创造积极的氛围，把不协调的声音变得美妙。赞美是一件好事，但绝不是一件易事。赞美别人时如不审时度势，即使我们是真诚的，也可能变好事为坏事。所以，我们一定要掌握以下的赞美技巧：

1）因人而异。每个人的特点是不同的，突出个性、有特点的赞美比一般化的赞美能收到更好的效果。例如，同样是夸人聪明，对小孩，夸其可爱机灵；对老人，夸其睿智。

2）情真意切。并非任何赞美都能使对方高兴。能引起对方好感的只能是那些基于事实、发自内心的赞美。相反，若无根无据、虚情假意地赞美别人，对方不仅会感到莫名其妙，更会感到油嘴滑舌、诡诈虚伪。赞美别人时，心里要有底气，表情要有力，眼睛要有神，表达要自然，声音要充满感情。

3）翔实具体。在日常生活中，人们有非常显著成绩的时候并不多见。因此，对于别人取得的成绩，哪怕是最微小的，也要适时适当地予以赞美。例如，对于刚参加比赛顺利归来的人，可以对他说："听说你获了奖，恭喜你呀！"

4）分寸适宜。赞美的效果在于时机恰当、适可而止，真正做到"美酒饮到微醉后，好花看到半开时"。过度的赞美，会让人感到肉麻，难以接受。例如，对于刚参加比赛顺利归来的人，如果说"听说你获了奖，开创了历史先河，我崇拜你"就有些过头了。

5）雪中送炭。最有实效的赞美不是"锦上添花"，而是"雪中送炭"。那些早已功成名就的人不缺赞美，而那些普通人，特别是自信心不足或身处逆境的人最需要赞美，他们平时很难听到一句赞美的话语，一旦被人当众真诚地赞美，他们更容易感动和感激。例如，某学生 A 很难认真写作业，经常挨批评，有一次作业却写得很认真，这时就要及时表扬他："最近小 A 可认真了，这次的作业做得很好，大家要向这样的他学习。"

（5）批评得体。批评在人际交往过程中是不可避免的，批评的目的是帮助他人改正错误或缺点，但不讲时机、不讲方式的批评往往会给对方的自尊造成伤害，甚至会造成双方的对立。批评要建立在尊重他人的基础上，尽量委婉诚恳，指出存在的具体问题，就事论事，帮助其改进、完善自己。

心理案例

因人而异的批评艺术

从1935年10月，莫文骅随中央红军长征到达陕北，到1945年8月离开延安南下。在延安10年中，他有幸在毛泽东身边工作，并接受指导，聆听教诲。

一次，莫文骅起草了一篇文章，毛泽东为他修改。文章语句不通，逻辑混乱，修改起来很困难。毛泽东皱起了眉头，放下笔，让警卫员把莫文骅叫来。莫文骅喊报告进屋，毛泽东笑着说："莫文骅，你比斯大林还高明啊！"

莫文骅一下愣了，忙问："主席，是怎么一回事？"

毛泽东说："斯大林起草的对德宣战的文件，那么重要，才用了不到一千字，而你的文章竟有三千多字，不是高明吗？"

原来如此，莫文骅不好意思地笑了。

毛泽东接着说："但是，斯大林的文章虽短却把问题讲清楚了，而你啰唆一长篇，却难得看明白。"

"我写不好，请主席修改。"莫文骅说。

"你不是当过宣传部长吗？"毛泽东问。

莫文骅说："战争时期的宣传工作，大多用口讲或写提纲，文章写得少。"

毛泽东"哦"了一声。接着，他讲了怎样写文章、怎样抓住中心、怎样做到简练生动，并告诫他文章写成后至少要看三遍。聆听了毛泽东的教诲，莫文骅受益匪浅。

【心理分析】批评讲究艺术。毛主席对莫文骅的批评是先扬后抑，以幽默开场，化解了尴尬，在对方意识到自己的错误后，还帮助对方学习提升。毛主席的批评因人而异，因事而异，有如良医看病，对症下药。

（6）注意提问方式。提问是非常重要的一种沟通行为，因为提问可以帮助我们了解更多更准确的信息。提问一定要巧妙，恰如其分，切忌盲目或过多的提问。在允许的情况下，简短的提问会使说话者知道我们在认真仔细地听。提问还能够帮助我们控制沟通的进程。

通常，提问包括开放式提问和封闭式提问。封闭式提问是对方只能用"是"或"不是"来回答问题，开放式提问是对方可以详尽地阐述自己的观点来回答问题。

封闭式提问具有可以确认信息、容易控制谈话的方向、时间短的特点，但收集的信息少。开放式提问收集的信息全面，能得到更多的反馈信息，有助于帮助分析对方是否真正理解我们的意思。但开放式提问需要的时间较长、谈话内容不容易控制。在沟通中，我们可以根据自己的需要选择不同的提问方式。

另外，在提问中我们要注意以下几个问题：

1）少问为什么。在沟通过程中，我们一定要注意，尽可能少说为什么，而用其他的话来代替。比如："你能不能说得再详细一些?""你能不能再解释得清楚一些?"这样给对方的感觉就会好一些。

2）少问带有引导性的问题。"难道你不认为这样是不对的吗?"这样的发问不利于收集信息，会给对方留下不好的印象。

3）避免多重问题。问多重问题就是一口气问了对方很多问题，使对方不知道先回答哪一个问题好，这种沟通也不利于收集信息。

（7）讲究拒绝艺术。一位喜剧大师曾说："学会说'不'吧！那你的生活将会美好得多。"在人际交往中，学会拒绝，放下心灵的包袱也是一门艺术。

心理案例

尴尬的重逢

小说《啼笑皆非》中讲过这么一段耐人寻味的故事：一位小人物一举成为名作家，新朋老友纷纷向他道贺，成名前的门可罗雀与成名后的门庭若市形成了鲜明的对比。

一位早已疏远的老朋友找上门来，向作家道贺。怎么办呢？是接待还是不接待？按照本意，作家实在无心见他，可是人家好心好意来，闭门不见似乎说不过去，于是只好见他了。见面后，对方又非得邀请作家改日到他家去吃饭，尽管作家内心一百个不乐意，但盛情难却，他不得不佯装愉悦地应允了。在饭桌上，尽管作家没有叙旧之意，可是又怕冷场，于是又得强迫自己无话找话。这种窘迫可想而知。来而不往非礼也，虽然作家不愿再同这位朋友打交道，但还是不得不提出要回请朋友一顿。作家还得苦心盘算：请这位朋友究竟到哪家饭店合适呢？去一流的大酒店吧，担心朋友会疑心在他面前摆阔；找个二流的吧，又担心朋友会觉得他过于吝啬……

【心理分析】生活中的确不乏类似故事中的人物，他们不善于拒绝别人，担心那样会伤害彼此的友谊，于是经常违心地答应别人的要求，耽误了自己的时间和精力，影响了自己的生活和发展。

古人说："有所不为，才能有所为。"拒绝是一种构建健康人际关系的主动选择。

1）下列情况下我们要勇于说"不"：①违背做人的原则；②违背正确的价值观念；③可能陷入不良关系网；④有损人格；⑤助长虚荣心；⑥庸俗的交易；⑦违法犯罪行为；⑧不符合自己的兴趣爱好。

2）拒绝的方法。恰当的拒绝可以把不愉快减少到最低限度。

①避实就虚法。用一个否定词"不"直接回绝固然拒绝了对方，但这样拒绝显然会弄僵氛围，其效果远不如避实就虚回答的效果好。

心理案例

你们等着看公报好了

在1966年中外记者招待会上，有记者问陈毅："请陈外长介绍一下中国发展核武器的情况。"陈毅答道："中国已经爆炸了两颗原子弹，我知道，你也知道。第三颗原子弹可能也要爆炸，何时爆炸，你们等着看公报好了。"陈毅的妙语赢得了满场掌声。

【心理分析】记者的问题涉及国家秘密。陈毅外长没有严词拒绝回答，也没有顺着记者的思路作出实际回答，而是避实就虚，用一番似是而非又合情合理的话拒绝了记者的问题，化解了紧张的气氛。

②幽默化解法。用幽默的话语含蓄地拒绝对方的某种要求，既可显示出自己的睿智、大度，又可避免让对方尴尬。

心理案例

十八元八角八分

在记者招待会上，西方记者问周恩来总理："请问，中国人民银行有多少资金？"周总理委婉地说："中国人民银行的货币资金吗？有十八元八角八分。"当他看到众人不解的样子，又解释说："中国人民银行发行的面额为十元、五元、二元、一元、五角、二角、一角、五分、二分、一分的十种主辅人民币，合计为十八元八角八分……”

【心理分析】当时中国比较贫穷，这位外国记者的问题让人很难回答。据实回答的话一方面说明了我们国家还很不富裕，另一方面则暴露了我国的经济秘密。周总理用幽默化解了问题，同时展示了大国领袖的睿智风采。

③巧借外因法。巧借外因法是寻找一个外在的原因作借口，委婉地拒绝他人请求。

心理案例

你可不能让我为难

小军向朋友借来一架性能很好的无人机航拍器，在校运动会上为运动员照相。他的同学看着新奇，非要借用不可，小军说：“不是我不够意思，我向朋友借的时候，人家叮嘱不让转借，我不能失信于人。咱俩关系不错，你可不能让我为难!”

【心理分析】小军以客观实际的外在理由，说明无人机航拍器不能转借的原因，强调外因难以克服，双方友谊值得珍惜，从而巧妙拒绝朋友借无人机航拍器的要求。

④寻求谅解法。在拒绝的同时，力求得到对方的谅解是我们希望的结果。运用这种方法，首先应抱着诚恳的态度说明自己确有不能满足对方要求的理由；其次还要尽量让对方理解自己拒绝的原因，以免伤害双方感情。

心理体验

针对上面的案例“你可不能让我为难”的情况，用寻求谅解法可以这么说：“你爱摄影入了迷，我比谁都清楚。可今天这事我不能说话不算数，只能委屈你了，算我对不住你，请多多包涵!”

这是一种态度诚恳、争取对方谅解的拒绝方法。

⑤心理满足法。在拒绝别人之前，先肯定对方的要求，理解对方的感受。例如，有人邀请我们双休日去郊游，而我们对这个时间早已做了安排。怎样拒绝他呢？我们可以说："郊游？太棒了！我早就想和你一起好好到郊外玩玩了，可是……"

需要注意的是，运用该法时内心一定要坦诚，否则就会让人觉得虚伪，适得其反。

⑥正面引导法。通过从正面引导，使对方否定自己提出的要求，达到拒绝的效果。

心理案例

我这次就不去了

有一位同学想请假随父亲去泰山游玩。班主任老师对学生说："能和爸爸一起去泰山游玩，确实是件美事。不过这几天我们学校要举行作文比赛，我想推荐你参加。去泰山游玩的机会多得很，以后我们找个放假的机会组织同学一块儿去玩好吗？"这位同学听了班主任老师的话后说："老师，那我这次就不去了。"他高高兴兴地收回了自己的请求。

【心理分析】班主任老师正面引导，帮助该同学正确认识上学期间去泰山游玩的不妥之处，并利用作文比赛的机会，把学生的心思转移到学习上来。这种处理方式既让学生放弃了游玩，又消除了可能产生的不良情绪。

4. 重视体态语沟通技巧

体态语是身体语言的简称，指非语言的身体符号，包括目光与面部表情、身体动作、姿势与装饰等。通过体态语实现的沟通叫体态语沟通。体态语在人际交往中扮演着重要角色，在人际沟通中具有不可替代的特殊地位。体态语的包含意义非常丰富，在不同文化、不同群体、不同的时间和地点，同样的体态语表达的意思可能一样，也可能不一样。

心理案例

爷孙的约定

有个小孩儿闹着要跟爷爷去做客，孩子特别贪吃。为了不丢面子，爷孙两人约定，只有爷爷碰他的脚一下，孙子才能夹一块肉吃。另外，孙子还可以看爷爷的眼色，当爷爷眼睛瞪大时，表示要快点吃。开始时，爷孙俩配合得挺好的。吃着吃着，主人家的狗来到桌子下吃骨头，转来转去，碰到了孙子的脚，他以为是爷爷提醒他，于是夹肉吃。爷爷觉得不合适，但当着众人的面不好说，于是用脚狠狠踢了踢孙子，暗示他不要这样吃。根据先前的约定，孙子认为爷爷提示他吃肉。爷爷急了，连续踢了几脚，孙子忍不住抱怨："爷爷你动作太快了，我吃不了那么快。"场面有些尴尬，爷爷瞪大了眼看着孙子，孙子说："你的眼睛瞪得再大，我也吃不了那么快。"

【心理分析】爷爷与孙子私下约定了"碰脚"和"瞪眼睛"所表示的意思，这没有什么不妥。但在实施过程中出现了意外因素，爷爷一急，把先前的约定忘了，按照人们往常的做法来暗示孙子，怎奈孙子不懂一般情况下这些身体语言所表示的意思，仍然按照先前约定来理解，于是闹出了笑话。

（1）目光与面部表情。眼睛是心灵的窗户。眼睛是最有效显露个体内心世界的途径，人的情绪、态度和情感变化都可以从眼睛中显示出来，人对目光很难做到随意控制。观察力敏锐的人，能从目光中看到一个人真实的心态。个体的情绪变化，首先反映在瞳孔变化上。人的情绪由中性向愉悦改变，瞳孔会不自觉地变大；对使人厌恶的刺激物，瞳孔反应是明显缩小，情绪状态由"晴"转"阴"时，亦有同样反应。可以说，眼睛是内心情感的灵敏指示器。

目光接触是最重要的体态语沟通方式，其他的体态语沟通也与目光接触有关。人际沟通如果缺乏目光接触的支持，会成为一种令人不悦的过程。

面部表情是另一种可完成精细信息沟通的体态语形式。人的面部有数十块肌肉，可产生极其丰富的表情，准确传达出各种心态和情感。一般情况下，人们的目光与面部表情是一致的，均与其内在心态对应；但在特殊情况下，个体的目光与面部表情会出现分离，此时表达个体真实心态的有效线索是目光而非表情。

心理体验

观察或收集目光、面部表情所传递的信息，并把它们整理出来在班级内部交流。

（2）身体运动与触摸。身体运动是个体最易发现的一种体态语，其中手势语占有重要位置。正常情况下，个体都会用手语来表达态度和情感。触摸是人际沟通的有力方式。人在触摸和身体接触时情感体验最为深刻。日常生活中身体接触是表达某些强烈情感的方式。在身体运动与触摸的沟通方式方面，心理学家研究最多的是握手，握手是融身体运动与触摸于一体的特殊沟通方式。短短几秒钟的握手，会把我们对别人的真实态度以及我们的整个心态都传达给别人。但需要注意的是，不同地区的人对身体运动与触摸有不同的文化礼仪讲究或禁忌。

（3）姿势与装饰。姿势是个体运用身体或肢体的动作表达情感及态度的体态语，这也是最常见的体态语沟通方式。姿势及其意义与文化有一定关系，但有一些姿势是全世界共同的身体语言。

心理案例

得意忘形的教授

在阿拉伯国家，将鞋底指向他人或者交叉着双腿坐着会被看作是一种极不尊重对方的行为。有一位教诗歌的英国教授曾到埃及开罗的一所大学讲课。在讲解一首诗时这位教授得意忘形地往后仰坐在椅子上，以致露出了自己的足底，并且足底正好对着全体学生，于是满座皆惊。第二天，开罗的报纸纷纷以横幅标题报道了学生对此提出的抗议，他们谴责了英国所谓的“礼仪”，并要求把那位教授赶回老家。

【心理分析】体态语传递的信息是千差万别、不容忽视的。在与不同文化背景的人交往中，要特别注意这些差异，它们没有什么优劣之分，但我们应该尊重对方，更不要去冒犯别人的禁忌。

服装、化妆品、饰品和携带品，也都能透露出一个人的情趣、爱好、情感、态度、社会角色等多方面的信息，在人际沟通中发挥重要的作用。

(4) 心理安全的距离。在心理学上有一个非常有趣的现象：通常，当一个不太熟悉的人渐渐地向我们靠拢的时候，我们会感觉到压力非常大。同样，我们渐渐靠拢一个和我们不太熟悉的人时，对方也会突然后退几步。这个现象就是个人的心理安全距离被侵犯造成的。一般情况下，心理安全距离的大小会因双方的交情深度和交往程度而不同。

公众距离（3.6～7.6米）是公开演讲或其他公共事务中的人际距离，此时沟通往往是单向的。

社交距离（1.2～3.6米）是彼此认识的人们的交往距离，许多商业交往多发生在这个距离内。

个人距离（0.5～1.2米）是朋友之间交往的距离，此时人们说话温柔，接受大量体态语信息。

亲密距离（0～0.5米）是亲人、夫妻之间的距离，通常情况下，亲密距离的使用都限于个人环境。

当然，以上距离也不是绝对的。比如在拥挤嘈杂的公共汽车上、电梯里，在人潮涌动的集市上，以上距离就会失去意义。

心理体验

交谈中非语言信息的SOFTEN原则

S——微笑（smile）

O——准备注意倾听的姿态（open posture）

F——身体前倾（forward lean）

T——音调（tone）

E——目光交流（eye communication）

N——点头（nod）

调整坐姿，感受一下吧！

沟通是彼此心灵的释放，是联结情感的纽带，更是心灵的对话。让我们架起一座属于沟通的桥梁，把我们的心联结在一起。

课后活动

1. 根据前面制订的《改善沟通状况计划》，把自己落实沟通计划的行动写出来，并且与好友或老师交流，请对方提出建议或意见。

2. 请同学们两人一组练习前面介绍的沟通技巧。

第14课　善待青春异性友谊

进入青春期，我们的生理和心理慢慢变了，开始特别地关注她（他），渴望接触、了解她（他）。此时，男女同学之间产生的朦胧情感，让我们不知所措。

我们要善待这种感情，用纯洁的清泉去浇灌它，用成熟和理智去呵护它，不在不懂爱情的时候去触摸它，它就不会过早凋零，在我们成熟的时候终会绽放出绚丽的花朵。让花季的我们拥抱友情，善待青春萌动的情丝，把握好我们的情感之舟，让它顺利航行在人生的旅途中。

案例导入

不再冷清的长长小巷

小丹初中毕业后进入一所职业学校学习，让她犯愁的是，从家到学校的途中要经过一条长长的、冷清的巷子，每次下晚自习回家经过小巷时她都提心吊胆……

两周后，小丹和班上的同学熟识了，她发现班上有位男同学小刚回家与她同路，都要经过那条小巷，于是她主动找到小刚并给他讲了她的顾虑，请求晚自习后结伴回家。小刚答应了她的请求。从此以后，那条冷清的小巷不再沉寂，一路上洒下了两位同学的欢声笑语，他俩谈理想，讲童年，谈时下热门的社会问题，渐渐地两人加深了了解，建立了友谊。在学习上他俩互帮互助，期中考试时成绩有了较大提高。

渐渐地，同学们都用异样的眼光打量他俩，班上出现了一些关于他们的风言风语……他俩迷惑了，难道异性之间就没有友情吗？常在一起就是恋爱吗？

在青春期，很多人误把男女同学之间出现的正常交往看成所谓的“恋爱”，这样会给当事人在学习和生活上带来一定的压力。

不少同学都心存疑问，难道我们的友谊只能限定在同性间吗？异性间该不该交往，又该如何交往呢？对青春期中的异性间的交往乃至性，我们应当如何正确对待呢？

一、珍惜青春友谊

在心理学范畴里，友谊被定义为一种纯洁的、广泛的人际亲和，是交往双方或者多方通过长时间接触和相处而产生的一种互相尊重、互相支持和互相帮助的人际关系。

人际关系最主要的特征是人际吸引。人际吸引是个体与他人之间情感上相互喜欢、相互需要、相互依赖的状态，而友谊是人际吸引的肯定形式，它可以出现在同性之间，也可以出现在异性之间。

1. 青春期的异性效应

俗话说："男女搭配，干活不累。"从心理学的角度分析，男女组合的团队更有效率、更出色。心理学家曾做过一个有趣的实验，他们把一定数量的男性和女性分成三个小组进行活动：一组全是男性，一组全是女性，还有一组有男有女。在吃饭的时候发现，全是男性和全是女性的两个组吃得杯盘狼藉；而男女同组的，男性表现得很有绅士风度，女性表现得很优雅。在集体活动、分工协作等方面，也是男女同组的表现更为出色。

男女同学各有特点、各有优势，在学校生活中彼此合作、主动交往有着积极的意义。这不仅可以让我们取长补短，完善自己的个性，还能提高学习和工作效率，激发生活和学习的热情，在一定程度上缓解和减轻青春期的心理压力，有利于身心健康，并为成年之后的婚姻家庭生活奠定良好基础。

心理体验

新学期开始，我们班要完成下列任务：

搬运新书，分发课本，擦玻璃窗，擦电风扇，拖地板，搬课桌，统计在校吃饭人数及收费，分发宿舍钥匙，打扫本班卫生区。

如果你来分配，你会让男女生各承担什么任务？这样安排的理由是什么？

男生完成：________________________________

女生完成：________________

男、女生合作完成：________________

同学之间相互尊重、和睦相处、正常交往是应当鼓励的，我们不必对此疑虑重重、躲躲闪闪，而应心胸坦荡、落落大方，在共同的学习、生活中建立、发展、深化纯真的友谊。

心理案例

被自我压抑的情感

在心理辅导老师面前，一年级新生小鑫说出了他的困惑："我曾听人说在学校'一谈朋友，哪怕学习基础再好、再聪明，学业都完蛋。'我从小就对机械感兴趣，好不容易说服父母让我到技工学校读书，实现梦想。为此，我从不与其他女生交往，但我的学习成绩却还是在下降。尽管我不与女生交往，可我看到班里其他男生和女生之间有说有笑的，又很羡慕，而且我经常想：'如果有女同学追求我该怎么办?'在我的内心，我真的不知道该不该和异性交往。"

【心理分析】进入青春期后，我们的性意识、性心理开始萌发，对异性有一种亲近或爱慕的情感，希望多与异性接触，这是健康而正常的情感流露。小鑫一味抑制、回避正常的异性交往，不仅违背了本性，长此以往，还将影响健全人格的发展，也会为其今后的成长和性别体验设下障碍。

2. 正确把握异性距离

男女之间由于生理、心理、成长环境及社会角色的不同，在智力特点、体力、兴趣爱好、个性特点等方面有较大的差异。我们需注意到男女有别的客观事实，嬉笑打闹、你推我拉之类的举止要尽量避免，异性交往需要保持适度原则。

（1）距离：课堂之外，男女之间的正常距离应保持在 44 厘米以上。

（2）语言：说话不要随意、轻浮。

（3）目光：不要太长时间注视对方。

（4）服饰：不要穿暴露的服饰或奇装异服。

心理案例

“假小子”小燕

小燕今年16岁，她从小就像一个男孩子，喜欢爬树、打篮球，凡是男孩子喜欢的事情她都喜欢，也爱跟男同学一起玩儿。随着年龄的增长，虽然小燕已经是个大女孩儿了，可她依然经常和男同学疯闹，疯闹到没了尺度，在同学们眼中有时甚至没了女孩子自尊、自爱的意识，以至于许多男同学对她很不尊重。有一次她和一位女同学在教学楼走廊边走边聊，对面走过来一位男同学跟她打招呼，顺手在她脸上拍了拍，而小燕竟然毫不介意，像没发生这事一样。

【心理分析】在与异性交往时，小燕还没有建立起“男女有别”的意识，表现出来的行为举止过于随便，这也是异性交往方面容易出现的一种偏差。

心理体验

看看下面这两幅漫画，他们的交往方式是否恰当？为什么？

二、善待青春恋情

1. 青春期的“萌动”与“早恋”

诗人歌德曾说：“哪个少年不钟情，哪个少女不怀春。”异性相吸自古而然，是人的天性。青春期正是对爱情充满憧憬的时候，对异性的好感、好奇是走向成熟的标志之一。

入学前，我们可能在学习、生活中与异性的界限是分明的，偶有接触也显得腼腆、害羞；到了现阶段，不少同学开始向往与异性接触，开始在异性面前展示自己的容貌、体态、知识、才能和优秀品质，以期引起异性注意。而有的男生在女生面前或表现才华和勇敢，或献殷勤，以博取女生好感；有的女生则变得腼腆矜持，开始注意修饰打扮，以引起男生倾慕；有的同学喜欢与异性同学待在一起，谈笑风生。

此时，我们开始由“异性疏远期”逐渐发展到“异性接近期”，这一时期是最容易发生或被误解的“早恋”萌动期。

心理案例

一封情书

菁菁：

你好吗？今天鼓起勇气，给你写这封信，希望你不要介意。你知道吗？我喜欢你很久了，我们在班会上相识，你表现出来的活泼、开朗、自信、好学，让我发现你和别的女孩子不一样，和你在一起聊天，我会感到很快乐。我总是在想：“我们能够来到同一个班级，学同一个专业，能够彼此认识，这是不是就是所谓的缘分呢？”

现在我越来越强烈地感受到，你的一举一动都在牵动着我的心，我会为你的成功而喜悦，会为你的烦恼而伤心，我想这就是所谓的爱情吧。

菁菁，做我的女朋友好吗？我们开始一段美好而纯洁的感情好吗？我们一起分享喜悦、分担忧愁，好吗？期待着你的回音。

爱你的飞

【心理分析】彼此愿意接近，互相吸引，是青春期发展中必经的阶段，这种以自然吸引为基础而产生的爱慕之情是自然而美好的。可惜小飞无法很好地调节并控制自己的心理需要，把异性吸引误认为是爱情，过早地想把爱慕之心发展为恋爱。

青春期，我们的心理素质尚未成熟，不能完全理解爱情、婚姻的深层意义。真正的恋爱是建立在一定的物质和精神基础上的，它涉及思想、体魄、阅历、学识、爱好、性格、习惯等诸多方面。

心理体验

活动一：看看下边这两幅漫画，试着判断他们的交往情况。

活动二：你赞成哪一种说法？

同伴男生中好多都有女朋友，坦白讲女生对我印象不错。我是不是需要赶紧找一个，要不太没面子了？

我认为中职阶段是人生中最美好的时期，在这个时期有一份爱情肯定是一件很美好的事。因此我想谈一个。

我暗恋某个男生很久，心里好烦：“是向他表白还是不表白？怎么办？”

一般说来，“早恋”有下面六种心理类型：

（1）好奇型。由于对异性的好奇心而产生的早恋现象。

（2）模仿型。因为模仿文学、影视作品中浪漫爱情故事而产生的早恋现象。

（3）游戏型。由于心理不成熟，出现说好就好、说散就散的现象。

（4）逆反型。“禁果效应”人为地造成了早恋的发生。

（5）依赖型。不断成长的我们，总觉得自己得不到父母和他人的理解，精神需求得不到满足，从而产生烦恼、痛苦和寂寞感，为寻求倾诉对象而早恋。

（6）虚荣型。以交往异性朋友为荣耀，互相攀比，看谁交的异性多，谁交的异性漂亮或帅气，以此来满足自己的虚荣心。

2. 善待早恋情丝

少年男女过早地涉足“爱河”，不仅会影响学习和身心健康，还会带来一些心理负担，使双方受到不必要的伤害，同时会减少与其他异性交往的机会，不利于交际圈的扩大和良好交际心理的养成。

心理案例

萌动的爱

菁菁不想伤了这样一位对她有好感的男孩子的心，想了很久终于答应小飞，因为她在紧张而单调的学习生活中，也非常希望有个人来关心和呵护她。现在每天都有人在关心着她，早上有人陪她吃早餐，晚自习后有人陪她一同散步，下雨有人给她打伞。慢慢地，菁菁发现她的思绪也经常在小飞身上游动，看不见小飞时往往会想他在哪里，在干什么……尤其是小飞跟别的女同学说话的时候，菁菁会莫名紧张，慢慢地，同学们发现她越来越不快乐了。

【心理分析】男女同学相互吸引是天性，只是在这个阶段，我们的生理、心理尚未完全发育完善，思想还不够成熟，缺乏健康的异性交往心理，过早过密交往，反而容易使自己陷入被动。

自然万物皆有规律，就像秋天成熟的果实不能提前在春天采摘一般，萌动的青春，需要理性的驾驭和意志的控制。我们可以尝试用下列方式将这份纯洁的感情转化，延续成一段美好的青葱记忆。

（1）把握自己。用坚强的意志克制自己的情感流露。对自己爱慕的同学，也像对其他同学一样落落大方。

（2）尝试转移。多参加集体活动，充实自己的生活内容，转移情感的注意力。

（3）冷处理。逐步疏远彼此的关系，以冷却灼热的恋情。时间一长，这种感情就会逐渐淡化消失。

（4）果断拒绝。在充分尊重对方的前提下，表明自己的立场。

（5）保留友情。对异性的一时冲动，可尝试理解并原谅，为对方保守秘密，共同守护友谊之树。

心理体验

活动：特别的小琪

小琪阅读《少年维特之烦恼》后，写下了如下的读后感：

爱情确实很美好，陷于爱情的兴奋与痛苦，都一样深深影响着我们。陷于爱情的人都或多或少地变得痴迷不清，晕头转向，如在云里雾里。一些琐碎的、不值一提的小事都能让我们欢欣雀跃一整天抑或悲恸难受一整天，心情变得异常敏感。也正因为这些上下起伏不定的心情，让爱情的味道愈加特别。

我对维特的故事其实没有什么共鸣，感觉只是描写了一个不成熟的少年遇见了爱，就以为那是全部。

爱情固然是美好无比的，但仅是人性需求的一种罢了。很美好，却不至于非它不可。人生还有好多好多要关注的事情：朋友的友谊，亲人的亲情，对世界无止境地探索，对自己不断地了解……爱更像是一种需求，每个人大概都会需要，大多数人迟早也会得到——只要你愿意付出。

你觉得小琪说得对吗？

三、走出性的旋涡

贯穿青春期的最大特征是性发育的开始并逐步完成，与此同时男女生在心理方面的最大变化也反映在性心理上。他们对性的意识由不自觉到自觉，对异性的兴趣由反感到爱慕……这几乎是每个人必经的历程。

1. 青春期性意识发展

青春期性意识的发展一般可分为三个时期：

（1）性抵触期。在青春发育之初，青少年总想远远避开异性，这主要与生理因素有关。第二性征的出现，使青少年对自身所发生的剧变感到茫然与害羞，本能地产生对异性的疏远。

（2）仰慕长者期。在青春发育中期，常对周围环境中某些在体育、文艺、学识以及外貌上特别出众者（多数是同性或异性的年长者），在精神上产生仰慕爱戴的情感。

（3）向往异性期。在青春发育后期，随着性发育的渐趋成熟，常对与自己年龄相当的异性产生兴趣，并希望有机会接触异性，或在各种场合想办法吸引异性对自己的注意，但性心理发育并不成熟。

2. 青春期性心理调适

青春期是人生的黄金阶段，朦胧的情感是五彩生活的点缀，丝丝的情意是青春活力的体现。如果过早地拨开朦胧美丽的迷雾，过早地摘下含苞欲放的花朵，过早地品尝尚未成熟的果实，带给我们的或许只能是直白的无味、凋零的叹息和青涩的口感。

这个时期有性心理困惑是正常而自然的事情，我们应积极进行心理调适。

（1）培养正确的性心理观念。随着生理的成熟，青少年的性欲和对异性的渴求会越来越强。对此，应积极了解自己的生理发展，接受正规科学的性教育，对人类繁衍有一个科学的认识，消除对性的神秘感。

（2）转移注意力。人生不同阶段的任务不同，应设置好这个阶段的人生目标，把主要精力放到学业和事业上，学会分清轻重缓急，同时多参加户外活动和集体活动，丰富业余生活。

（3）规律的生活习惯。为了减少青春期性冲动，建立规律的生活作息是非常重要的。

（4）克服恐惧和内疚感。在青春期，即便有性冲动也是正常的，无须自责或拼命压抑自己的欲望，更不要对此有太大的心理压力，要学会克服或消除恐惧和内疚感。

（5）学会自我疏导。在与异性交往时，应自然、开朗和坦率，理性对待异性，如有难以开口的情感，可以通过写日记自我倾诉，也可以找信任的长辈或老师沟通交流。

酿造的美酒藏久了才更醇香，成熟的果实采摘了才会甘甜。我们应自觉控制青春冲动，将对异性的感情保持在友谊的界限内，集中精力完成学生阶段的奋斗目标，为美好的将来打下坚实基础。

3. 对性骚扰说“不”

性骚扰指以性欲为出发点，以性暗示的言语或动作引起对方不悦感的行为。换句话说，只要某人言语或行为令他人感到不悦或有被冒犯的感觉，且被认定存有性相关的暗示，就有性骚扰的嫌疑。

性骚扰并不只是存在于异性之间，也存在于同性之间；被骚扰人不仅限于女生，男生也要小心防范。

现在，我们已经开始为踏入社会做准备，就应该学会如何保护自己，避免受到伤害。

心理案例

“友好”的冯叔叔

小青的父母平时忙于工作应酬，很少顾及她，这使小青养成了沉默内向的性格。一天放学的路上，小青遇到以前的邻居冯叔叔。这位冯叔叔见了小青，很热情地招呼她上车，说是送她一程。小青上车后，冯叔叔又乘机把她带到电影院，还给她买了不少好吃的，小青想着冯叔叔是长辈又是父母的朋友，不好拒绝。可是电影开演没多久，冯叔叔就有意无意地触碰小青，对此小青很是惊慌和反感，可是出于少女的羞涩，以及怕惹怒了一向对她友好的冯叔叔，她一声不吭地忍了下来。电影结束后，冯叔叔送她回家，还一再叮嘱她不要对家人说起此事。

【心理分析】大部分的性骚扰发生在熟人之间，冯叔叔的言行令小青感到惊慌反感，她却碍于“面子”不好直接拒绝。冯叔叔也正是看中了小青的这一点，才有恃无恐。

(1) 如何预防性骚扰。随着年龄的增长，与社会的接触日益频繁，我们更应该提高警惕，采取有效的预防措施保护自己。

1) 不要轻信交友软件或手机短信。

2) 在封闭场所要提高警惕。

3) 学会识别所谓“朋友”“长辈”的计谋。

4) 不要被金钱诱惑。

5) 乘车时提高警惕。

6) 学会识别所谓的“体贴”。

心理体验

阅读案例，回答问题。

大智和小雯两人就读于同一所学校。大智爱慕小雯，逢人便说小雯是他追求的女生，所以全校都知道大智在追求小雯。但对于小雯而言，大智只是一个普通朋友而已。

大智的热烈追求看似浪漫贴心，却让小雯感到不舒服及害怕，也造成了小雯的生活困扰。因为大智的追求行为，小雯经常无法尽情和同学们聊天互动，更经常被同学们贴上“大智女友”的标签。

大智陪伴小雯回家的行为也让小雯感到不自在，小雯直言要大智停止追求行为，但也只换来大智坚持到底的决心。面对此种困扰，小雯开始不愿意去上学。

1. 何谓校园性骚扰?

2. 你能帮小雯想到什么解决办法吗?

（2）如何应对性侵害。性骚扰如果不及时拒绝，很可能会进一步演变为性侵害。当遇到性侵犯时，不要一味害怕，应当审时度势，判断情况，思索对策，用智慧和勇敢化解灾难。

1）态度坚决。不要忍让宽容、软弱退缩。

2）把握时机。适当利用自卫术，寻找机会逃到公共区域，寻求帮助。

3）冷静沟通。控制紧张情绪，表明内心感受，使对方在心绪平静后走出冲动。

4）善后处理。万一真的遇到不幸，确保自己生命安全后，寻求专业人士的协助，做好证据的搜集工作。

5）向信任的人倾诉。

6）保留证据。

7）如果情节严重可向公安机关报案，也可向人民法院提起刑事自诉。

课后活动

辩论赛

辩题：早恋是否有利于成长

早恋对于我们的成长到底是利还是弊？请讨论一下，发表自己的看法。注意发言要有理有据，条理清楚。

正方：早恋有利于成长。

反方：早恋不利于成长。

第 15 课　正视合作竞争关系

浩瀚夜空因为满天星辰才美丽，大千世界因为芸芸众生才丰富。而我们只是一粒沙，一滴水，一颗星。只有在沙滩上、在大海里、在夜空中找准我们的位置，与世界汇合才能实现我们存在的价值。

生活中，各种联系日益紧密，你中有我、我中有你，竞争中有合作，合作中又有竞争。有序竞争、团结合作便成了一种共识。因为有了竞争与合作，世界才能发展至今，社会才能欣欣向荣。

案例导入

“聪明”的植物

在热带森林里，植物鲜美的果实被鸟儿吞食，种子随后被排出体外。背负着油质体的种子，很快吸引蚂蚁的注意。蚂蚁收集着大大小小的种子，将种子携带的油质体附属物剥离，储存起来喂养幼崽，种子则被遗弃在蚁巢堆中。

得益于坚硬外壳的保护，种子毫发无损。不仅如此，被蚂蚁埋在地面以下的种子，会比在地面之上幸存和成长起来的机会大得多。待到合适的时机，种子便萌芽生长，开始属于它的生命旅程。

鸟儿和蚂蚁得到食物，种子得到散播的机会，这是自然界合作共赢的生存方式。

一、认识合作与竞争

1. 合作与竞争的概念

社会心理学把人们在心理和行为方面的交往、交流称为人际互动，而人际互动的主要形式就是合作与竞争。

合作是不同的个体或群体为达到共同目的，彼此配合的一种行为或意向。竞争是不同的个体或群体为争夺共同目标，促使自己胜过或压倒对方的行为或意向。

2. 合作与竞争的原因

（1）自然与资源。合作与竞争是人的一种本能。在自然界，一方面人类与很多动物相比身体条件不占有优势，单个人几乎不能独立生存。为了自身的生存和发展，人类必须通过合作来抵御危险，慢慢地形成了人类社会及各种社会组织（如家庭、学校、国家）。另一方面，为了得到更好的生存资源，或者在与他人比较中获得一定优势和价值肯定，人们需要设法超越他人，与他人竞争。如幼儿们在一起码积木时，会想方设法地把积木码得比别人高，当得到表扬，便会很高兴。

（2）利益与冲突。现实中利益的一致和冲突是合作与竞争的直接原因。当利益需要多人共同努力才能实现时，人们就会倾向于合作；当利益通过个人可以实现或利益发生冲突时，人们倾向于竞争。

（3）目标与手段。社会心理学家多伊奇的目标手段相互依赖理论认为，个体行为的目标与手段与他人行为的目标与手段之间存在相互依赖的关系，产生相互作用。当不同个体的目标与手段之间存在积极的、肯定的依赖关系时，他们之间是合作关系，如同一球队的队长和球员；当不同个体的目标与手段之间存在消极的或否定的依赖关系时，他们之间是竞争关系，如拳击比赛中的选手。

3. 合作与竞争的作用

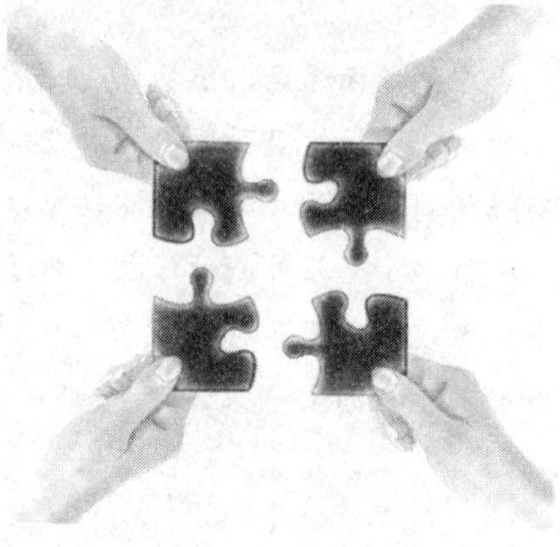

（1）合作的作用。合作增强我们的勇气和力量。合作不仅可提高个人的生产力，而且是“创造”一种生产力，产生一加一大于二的效果。组织成员通过合作，有机地组合在一起，互相促进、共同进步、共同发展。

心理案例

雁阵

大雁是排成一字形或人字形飞翔的。一字形用于风和日丽、没有压力的时候。当天气越来越凉，大雁要飞到南方去，就要讲究效率，要用人字形飞。当用人字形飞时，领头雁在前面飞翔，它猛烈地扇动翅膀，在翅膀下边形成一个相对真空的环境，这样跟在它后边的一只大雁就会占领这个位置，飞行的阻力就小了。一只接一只的大雁跟在后边，都会借助到同样的力量。这样一来，前面的大雁给后面的大雁营造了一种环境，使得它们在飞翔过程中克服的阻力要比原来单飞的时候小得多。每只大雁都借助到前面大雁的力量，唯独领头雁没有。但是在雁阵中，领头雁是交换的，那也就意味着在这个团队中，每一只大雁都会成为领头雁。

【心理分析】科学家的风动实验表明，当雁阵成群往前飞的时候，它是单只大雁飞行速度的 1.71 倍。大雁借助同伴的力量飞行起来既省力又省时，让别人受益，自己也受益，整体效益大于部分效益之和，这就是合作的威力。

（2）竞争的作用。竞争是一种不甘落后、力争上游的心理。它可以激发人的动机和潜能，使人处于活跃状态，促使人的知觉更敏锐，注意力更集中，有利于高水平发挥。早在 1897 年，心理学家就发现自行车运动员在与他人竞赛时，其速度比单独骑时要快。研究数据还表明，在竞争条件下的滑雪、游泳等运动，参加者中有 82.2%的人提高了自己的成绩，肌肉的用力强度也提高了 30%～50%。

但是，竞争也有消极的一面，激烈的竞争容易使人产生焦虑情绪，出现心理失衡、情绪紊乱、身心疲劳等问题；竞争可能使胜利者盲目自大，也可能使失败者丧失信心、意志消沉，产生自卑或嫉妒心理。

二、学会与人合作

先让我们来检验一下自己与人合作的能力究竟如何？

心理体验

合作能力心理测试

1. 我不喜欢在别人的领导下完成工作。
2. 我不喜欢参加小组讨论。
3. 与陌生人一起讨论时，我会放不开。

4. 我不喜欢与人一起分担一项工作。

5. 我与周围人的关系不是很和谐。

6. 我觉得自己要比别人缺少伙伴。

7. 很少有人能让我感到可以真正信赖。

8. 我时常感到寂寞。

9. 我不相信大合作大成就、小合作小成就。

10. 我感到自己不属于任何圈子中的一员。

11. 我与任何人都很难亲密起来。

12. 我的兴趣和想法与周围人不一样。

13. 我常感到被人冷落。

14. 没有人很了解我。

15. 在小组讨论时我感到紧张不安。

16. 我不善于把工作分解开让合适的人一起做。

17. 我感到与别人隔开了。

18. 我感到羞怯。

19. 我只喜欢与同我谈得来的人接近。

20. 我要好的朋友很少。

测试结果：每题均有两个测试结果，即“是”和“否”。答一个“是”得1分，答一个“否”得0分。得分在12分以上，表示合作能力亟待提高；得分在8～11分，表示合作能力一般；得分在5～7分，表示合作能力较好；得分在4分以下，表示合作能力非常好。

心理学家指出：“一个缺乏合作精神和合作能力的人，其职业生涯、人际关系以及爱情婚姻都会出现严重问题和遭到失败。”学会与人合作，提高合作的效能，需要努力做到遵守组织规范、发扬团队精神及沟通达成共识。

1. 遵守组织规范

为了更好地合作，人们往往会形成组织（也称集体或团队）。组织需要对共同目标、实现途径和具体步骤做出统一的考虑和安排。组织内的成员既有分工又有合作，个人要服从组织的安排和要求，做好自己的工作，同时要服从组织的统一指挥，齐心协力地完成共同目标。

心理案例

安全转移

2008 年 5 月 12 日下午，当汶川大地震发生时，四川桑枣中学绝大部分学生在教学楼里上课。当学生们感觉到大地震动时，立刻按照老师的要求钻进课桌下，在第一阵地震波过后，大家又在老师的指挥下进行了快速而有序地紧急疏散。短短 1 分 36 秒左右的时间里，桑枣中学 2 200 名学生和上百名老师，全部安全地转移到了学校开阔的操场上，无一伤亡。

【心理分析】2 200 名学生和上百名教师用短短 1 分 36 秒左右的时间安全撤离教学楼，这与平时的安全演习、事发现场老师们的指挥关系密切。但如果同学们没有合作精神，不听从指挥，不遵守规则，只顾自己逃生，也无法造就奇迹。

在团队行动中，每个人必须遵守共同认可的团队合作规范（如制度、纪律等）。以团队利益为重，在团队利益和个人利益发生冲突时，团队成员要有集体主义精神，优先考虑团队的利益。

2. 发扬团队精神

团队精神是团队成员强烈感受自己是所在团队的有机组成部分，有强烈的整体荣誉感和归属感，有愿意为团队利益和目标相互协作的意识。其表现为团队成员之间相互尊重、相互信任、相互关心、相互激励、相互配合、相互支持，成员们敢于担当，主动承担风险，从而形成凝聚力强的集体。

团队精神是有效合作的重要条件。在工作中，大家为团队的目标而努力，各成员间互相学习，集思广益，取长补短，容易发挥各自优势，共同提高。团队分工越细，越有利于提高工作效率，但每个人对他人的依存度就越高，合作意识、团队精神就显得越来越重要。

心理案例

拉不动的车

天鹅、梭子鱼和虾，不知什么时候成了好朋友。一天，它们发现路上有辆装满好东西的货车，它们决定一起拉走。大家赶忙套上绳索，使劲拉。结果大家拼尽全力也没拉动车。按常理来说，它们共同的力量完全可以拉走这辆车，那么为什么没拉动呢？原来，天鹅是拼了命地朝天上拉，弓着腰的大虾是向后拖，而梭子鱼是朝着前面拉。它们都使劲了，车却原地不动。究竟谁对谁错？

【心理分析】寓言中的天鹅、梭子鱼和虾各自从自己的角度和方式来拉车，没有注意到自己与别人的用力方式和方向不同，力量没有往一处使，没有形成合力。一个团队在工作中，需要大家相互协作与配合，步调一致才能取得胜利。

作为个体，要积极主动地融入整个团队之中，为团队贡献自己的力量，同时不断提升自己。

3. 沟通达成共识

沟通是合作的前提，共识是合作的开始，是凝聚人心的纽带。团队成员经常沟通和交流，有利于形成亲近融洽的人际关系，在集体行动中容易取得共识，增加合作中的默契程度，也可以避免许多无谓的误会和矛盾。

心理体验

夹球比赛

我们来做下面的游戏。

规则：三人一组，一人指挥，拿气球放在两人之间，两人面对面地夹住一个气球，不准用手帮忙，从教室后面跑到前面，然后放进纸箱里，球不能掉出来，比比哪组在规定的时间里夹球最多。

要求：赛前组内要充分沟通，达成共识。赛后思考：

1. 沟通的好坏对比赛的影响如何？
2. 夹球奔跑中两人的合作成功吗？
3. 在学习或日常生活中，如何有效地合作？

团队成员存在知识、能力、经历等方面的差异，在对待和处理工作时，可能会产生不同的思路和方法。客观地分析不同的思路和方法，可以拓宽考虑问题的角度，博采众长，扩大共识，有利于大家深入合作。

三、学会有序竞争

1. 敢于竞争善于竞争

现代社会普遍存在竞争，而且越来越激烈。人们必须直面挑战，敢于竞争，不要害怕和逃避，也不要害怕失败，在竞争中锻炼自己，增强自身的实力。

竞争要讲究策略，要全面了解与分析自己和对手的情况，在比较中找到适合自己奋斗的目标和取胜的机会，努力克服自己的弱点，积蓄力量，争取胜利。

心理案例

龟兔赛跑

乌龟和兔子赛跑，一眨眼工夫，兔子已经跑得不见了踪影，乌龟却慢腾腾地往前爬。兔子觉得自己跑得快，乌龟根本不是对手，躺在路边睡着了。当兔子一觉醒来，看到乌龟已经快到终点线了。兔子想赶也赶不上，输了比赛。同学们想想：乌龟为什么能赢得比赛呢？乌龟具有什么样的品质？

【心理分析】《龟兔赛跑》的寓言故事让我们知道，面对竞争不要胆怯，要敢于竞争，并在竞争中坚持不懈、永不放弃。乌龟虽然赢得有些侥幸，但是如果乌龟不敢参加比赛，也不可能抓住兔子睡觉的那个机会，更不可能赢得比赛。

2. 遵守规则公平竞争

公平是人类所追求的基本价值之一，按照一定的社会规则（法律、道德、政策等）、合理的秩序，正当地与他人竞争，这是法治社会的要求，也是竞争参与者的重要道德品质和心理品质。

公平竞争既是竞争的基础，又是促进竞争健康发展的重要前提。只有建立在公平基础上的竞争才有意义。在平等条件下的竞争中，参与者的能力、心理素质和道德水平能得到充分展示，实现优胜劣汰，从而促进大家自觉提高自己的竞争力。

心理案例

如此抢跑

学校举行田径运动会，小明参加200米跑步决赛。比赛一开始，小明跑在第一的位置，冲刺阶段，右侧跑道上的小华奋力追了上来，眼看就要超越小明，小明急了，抢到小华的跑道上，阻碍了小华超越，自己以第一名跑到终点。结果，小明的决赛成绩被取消了。

【心理分析】小明抢跑道的行为，违反了跑步比赛规则，破坏了公平竞争的体育精神，他获得的成绩是不正当的，应该被取消。追求胜利是好的，但必须遵守竞争的规则。

要保证公平竞争，就需要遵守规则。只有遵循规则，才能保证竞争的公平、公正。否则，将损害竞争环境和竞争秩序，既害人，又害己。

3. 正确对待成功失败

“胜败乃兵家常事”，因此不必太过于计较竞争中的成败。在竞争中我们既要倾尽全力，又要坦然接受胜与败。成功固然可喜，对失败也不要太悲伤。一时的得失成败，并不意味着最终结果。历史上，有的人在成功之后因骄傲自满最后失败，有的人因为失败而消沉，还有很多人在失败后奋起自强并获得了最后的成功。

心理案例

卧薪尝胆

春秋时期，吴国和越国发生了战争。越国被吴国打败，越王勾践被吴王夫差俘虏，给吴王当了3年奴仆，受尽了屈辱。后来，吴王夫差释放了勾践。越王勾践回国以后，发愤图强，准备报仇雪恨。他怕自己贪图舒适的生活，消磨时光或忘记报仇的志气，所以每天晚上就枕着兵器睡在柴草堆上。他还在房子里挂了一只苦胆，每天早上起床后就尝尝苦胆的苦味，提醒自己不忘国耻。他还亲自到田里与农夫一起干活儿，妻子也纺线织布。勾践的这些举动感动了越国的上下官民，经过10年的艰苦奋斗，越国终于兵精粮足，转弱为强，最后打败了吴国。

【心理分析】失败了并不可怕，重要的是敢于面对，敢于从头再来。勾践面对失败，没有沉沦，没有自暴自弃，而是重新振作，卧薪尝胆，锻炼和提高自己，不断壮大自己的力量，最后打败了对手。勾践所表现出来的坚强意志、发愤图强的精神是值得我们学习的。

成功了不自满，要总结经验；失败了不言弃，要吸取教训，这样我们才能不断取得进步。

四、正确处理竞争与合作的关系

不想让别人受益，自己也很难受益。狭隘的竞争意识是阻碍人们发展的重要因素，只有共赢才能立于不败之地。

1. 合作需要竞争

有竞争的合作才会长久。只有合作没有竞争，合作会缺乏动力，难以提高双方的水平，更达不到共赢，所以合作离不开竞争。

2. 竞争离不开合作

竞争本身就是以与他人共存的状态出现的，它并不是一种完全对立的状态。只有竞争没有合作，竞争就缺乏潜力。与他人在共存中竞争，可以提升双方的竞争力，获得共赢，所以竞争离不开合作。

心理案例

冠军的秘密

有人曾设计了一个有趣的比赛：先将参赛者随机分配到几个小组中，每个小组前面放着一个小口玻璃瓶，瓶内平摆着几个纸做的圆锥体，每个圆锥体都系在一根细线上，参赛者通过细线把圆锥体拉出瓶外，每次只能拉起一个。最快拉出圆锥体即为获胜者，可以独得一份丰厚的大奖。同时，主办方还设置了一个团体奖给总用时最少的小组。

比赛一开始，许多参赛者都瞄准大奖，急着将自己的圆锥体拉出瓶外，结果你争我抢，不仅没有把圆锥体拉出，反而弄断了细线。其中有一组参赛者却很快地将所有圆锥体拉出，他们的秘诀只有一个："你第一，我第二，他第三……"以此类推，大家井然有序地拉动细线，提起圆锥体，意外地将两个奖项全部囊括。

【心理分析】相比其他参赛者相互排斥、齐齐败北的结局，获胜小组成员懂得在竞争中合作，最终实现"双赢"。"一花独放不是春，百花齐放春满园。"做一个善于合作的人，正确处理好竞争与合作的关系，才能够取得更大的进步。

竞争不可避免，但过分强调竞争，会损害共同的目标，给个人和社会带来不利影响。因此，我们既要敢于竞争、善于竞争、享受竞争，又要愿意合作、善于合作、享受合作。在合作中不排斥竞争，在竞争中重视合作。

处理好合作与竞争的关系是一种智慧。合作双方可以分享各种有效资源，使合作成为双方提高竞争力的手段。

课后活动

1. 请为下面的沟通提出解决方法。

某企业全体部门主管工作例会上，大家正在分析本季度经济效益下降的原因，各位主管各抒己见：

甲主管："因为生产部未按时交货，所以业绩没有完成！"

乙主管："因产品设计不良，产生顾客投诉与退货。"

丙主管："因业务下单交期太短，中间插单、改单……造成生产不顺。"

…………

大家七嘴八舌，找出各种原因，但都是同一个模式：

"因为你的……不对，所以造成我的……不能做事"或是"都是因为你没有配合，所以我的……无法完成"。

2. 请搜集肯德基和麦当劳竞争的事例，并分析竞争的策略及其理由。

职业篇

第16课　寻找职业人生密码

亲爱的同学，在你踏入社会之前，你对未来有没有美好的设想？ 哪里才是属于你的一片天空？ 哪里才是你施展才华的一方乐土？ 哪里才是你梦想成真的旋转舞台？

找对位置，位置就是你播种希望的田野，让你演绎人生的精彩，收获成功的喜悦和幸福；找准位置，位置就是你的快马轻舟，让你驰骋职场，直挂云帆，到达胜利的彼岸；找错位置，位置就会束缚你的手脚，迷惑你的头脑……这个位置就是你的职业。

兴趣会告诉你想干什么，性格会提醒你适合干什么，能力会决定你能干什么。 当你清晰地了解了这些，你就获取了自己的职业密码。 这个密码可以成为你成功道路上的桥梁，成为你实现人生价值的阶梯，成为你拼搏奋斗的宝典。

案例导入

回归池塘的青蛙

池塘里的青蛙十分向往大海。大鳖说：“我带你去吧，那里不知比这里好多少呢。”青蛙第一次见到了大海，惊叹不已，急不可待地扑进大海的怀抱，却被一个海浪打回海滩，摔得晕头转向。大鳖见状，便叫青蛙趴在自己的背上，背着他向大海里游去。

青蛙渐渐适应了大海，能自己游上一会儿。过了一阵，青蛙渴了，可他喝不了又苦又咸的海水；他也有些饿了，却怎么也找不到一只可以吃的虫子。青蛙对大鳖说：“大海的确很好，但以我的身体条件，不能适应海里的生活。看来，我还是要回到池塘里去，那里才是我的乐园。”

人生总要面临许多选择，只有适合自己的才是最好的。在职业生涯中，我们必须了解自己的职业密码，明确自己的职业心理倾向，即职业兴趣、职业性格、职业能力倾向，知道自己想干什么、适合干什么、能干什么，为选择职业做好全面的准备。

一、密码之一：兴趣与职业

1. 兴趣

兴趣是人认识某种事物或从事某种活动的心理倾向，它以认识和探索外界事物的需要为基础，是推动人认识事物、探索真理的重要动机。

心理案例

兴趣激发潜能

在他的手中，焊枪是针，弧光是线，他追寻着焊光，在火箭发动机的“金缕玉衣”上焊出了一片天。他是中国航天科技集团有限公司第一研究院首都航天机械有限公司特种熔融焊接工、火箭发动机焊接车间班组长、国家高级技师——高凤林。

当年我国卫星发射成功后，年幼的高凤林曾问父母：“卫星是怎么飞到天上去的?”当他以优异成绩从中学毕业时，母亲一句：“报考七机部技校吧，去解你小时候的迷惑。”从此，他与航天结下了不解之缘。

迈出校园的高凤林，走进了人才济济的火箭发动机焊接车间氩弧焊组。为了练好基本功，他吃饭时拿筷子比画着焊接送丝的动作，喝水时端着盛满水的缸子练稳定性，休息时举着铁块练耐力，更曾冒着高温观察铁水的流动规律。渐渐地，高凤林积攒的能量迸发出来。

20 世纪 90 年代，为我国主力火箭长三甲系列运载火箭设计的新型大推力氢氧发动机，其大喷管的焊接曾一度成为研制瓶颈。高凤林和同事经过不断摸索，凭借着高超的技艺攻克了烧穿和焊漏两大难关。就此，第一台大喷管被成功送上了试车台，这一新型号大推力发动机的成功应用，使我国火箭的运载能力得到大幅提升。

随着承担的急活、难活越来越多，高凤林挑起了更多的重担。在某型号引射筒的焊接攻关中，他大胆改进，使近一年半没有解决的难题得以解决，保证了近一亿产值的产品交付；国家某潜基重点型号临近发射的关键时刻，艇上发射系统出现故障，高凤林在型号总师的直接授意下，研究采用特殊技法，连夜排除了故障，保证了该型产品如期发射。“金手天焊”是高凤林技艺高超、屡屡攻克焊接技术难关的写照，更是新时代航天高技能工人风采的体现。

【心理分析】兴趣是最好的老师，它是在需要的基础上，在活动的过程中发展起来的。通过母亲的引导，高凤林报读了他感兴趣的专业，并朝着自己想要的方向努力发展，最终取得傲人的成绩。

兴趣的发生和发展一般要经历有趣—乐趣—志趣的过程。兴趣是职业活动成功的重要条件之一。如果一个人对某一领域饶有兴趣，他会乐于学习、刻苦钻研，而且不知疲倦、不畏艰辛，最终成为行家里手。

心理体验

1. 你的兴趣多吗？你从这些感兴趣的活动中获得了什么？
2. 你有哪些兴趣能够达到志趣阶段？

2. 职业兴趣

职业兴趣是一个人探究某种职业或者从事某种职业活动所表现出来的特殊个性倾向，它使个人优先注意某种职业，并且产生向往的情感。了解、培养自己的职业兴趣将会提升未来对工作的投入程度及职业成功率。

心理案例

只有爱一行才能干好一行

晓宇的父亲平日爱修理家里的电器，小时候晓宇常围着父亲看来看去，渐渐产生了兴趣，也爱拿起工具拆装各种物件。初中毕业后的晓宇进入市交通技校学习，并选择了与兴趣爱好相关的汽车维修专业。

毕业后，晓宇应聘到汽修厂从事汽车修理工作。“不入园林，怎知春色如许。”修车容易，但把车修好并不容易。晓宇深深地热爱修车这个职业，为了能掌握修车本领，他不怕苦，不怕累，有时为了修好一部车的变速器或发动机，将其反复拆下装上几次、十几次，费时费力，但他不计较工时得失，更不怕麻烦。他的宗旨就是一条：哪怕一分钱不挣，也要把问题查清楚、搞明白，不达目的决不罢休。

现代汽车技术日新月异，光凭不怕苦、不怕累的精神已跟不上时代的发展。在修车的过程中，晓宇深深地体会到，在学校里学的知识远远不够用。他觉得既然热爱这个职业，就要为之尽心竭力，就要不断地给自己“充电”。几年来，他利用业余时间和各种机会自学，白天修车，晚上就往书店跑，和书结下了不解之缘。在挑灯夜战刻苦读书学习中，晓宇的维修技术突飞猛进。毕业6年后，晓宇参加本市举行的汽车维修职业技能竞赛，技压群芳，当上了“状元”。

人们常说：“干一行，爱一行。”晓宇谈及个人成长经历时总结道：“兴趣是起点，只有爱一行才能干好一行。兴趣很重要，如果没有兴趣，什么也干不好。”

【心理分析】研究表明，一个人如果从事自己感兴趣的职业，则能发挥全部才能的80%～90%，能长时间保持高效率而不容易感到疲劳；如果从事不感兴趣的职业，只能发挥全部才能的20%～30%。晓宇对职业认知越全面、越深刻，他的职业兴趣就越浓厚，越能获得职业成功。

职业指导专家霍兰德通过大量实验研究创立了职业兴趣理论，他将人的兴趣及社会职业划分为六种基本类型，即现实型、研究型、艺术型、社会型、企业型和常规型，并以此建立了目前世界上应用最广泛的霍兰德职业兴趣测试。该测试可以帮助个人了解自己比较适合哪种类型的工作，同时协助个人了解工作内容及环境。

（1）现实型。这种类型的人喜欢现实性的、实在的工作，也称“体能取向”或“器械取向”。这类人通常具有机械操作技能和较强体力，喜欢户外工作，乐于使用各种工具和机器设备，喜欢从事同事物而不是同人打交道的工作。他们具有真诚、务实等特点。主要职业包括：工程师、技术员、测绘员、描图员；机械操作、维修、安装工人，矿工，木工，电工，鞋匠，司机等；农民、牧民、渔民等。

（2）研究型。这种类型的人喜欢各种研究性的工作。他们通常具有较高的数学和科学研究能力，喜欢解决问题，从事同抽象的观念而不是同人或事物打交道的工作。他们具有逻辑性强、好奇心强等特点。主要职业包括：自然科学和社会科学领域的研究人员、专家；化学、冶金、电子等领域的工程师、技术人员等。

（3）艺术型。这种类型的人喜欢艺术性工作。他们往往具有某些艺术技能，喜欢创造性的工作，富于想象力，乐于从事同抽象观念而不是同事物打交道的工作。主要职业包括：音乐、舞蹈、戏剧等领域的演员、编导、教师；文学、艺术领域的评论员；编辑、作者、广播节目的主持人；画家、书法家、摄影家；艺术、家具、珠宝、房屋装饰等行业的设计师等。

（4）社会型。这种类型的人喜欢社会交往性工作。他们通常喜欢周围有别人存在，对别人的事很有兴趣，乐于帮助别人解决难题，喜欢从事同人而不是同事物打交道的工作。他们具有热情、耐心等特点。主要职业包括：教师、保育员、行政人员、医护人员；衣食住行服务行业的经理、管理人员和服务人员等。

（5）企业型。这种类型的人喜欢诸如推销、管理类型的工作。他们通常具有领导才能和口才，对金钱和权力感兴趣，喜欢影响、控制别人，喜欢从事同人和观念而不是同事物打交道的工作。他们具有喜欢交际、敢于冒险、报复心强等特点。主要职业包括企业家、政府官员、商人等。

（6）常规型。这种类型的人喜欢传统性工作。他们有很好的数字和计算能力，喜欢室内工作，乐于整理、安排事务。他们往往喜欢从事同文字、数字打交道的工作，具有做事有条理、有耐心等特点。主要职业包括：会计、出纳、统计人员、打字员；办公室文员、秘书和助理；图书管理员、邮递员等。

心理体验

列出自己感兴趣的对象的清单，然后按兴趣强度排序，最后将自己感兴趣、比较感兴趣的对象和自己了解的职业对应起来，找出它们相互之间的联系，写一份简要的评估报告。

兴趣评估报告

兴趣对象（随机排列）	兴趣强度（从强到弱排列）	兴趣稳定性（从强到弱排列）	对应的职业（自己了解的）

3. 培养职业兴趣

我们的职业兴趣是可以培养的。职业兴趣是以社会的职业需要为基础，并在一定的学习与教育条件下形成和发展起来的。在职业兴趣的培养过程中，影响因素主要有家庭的潜移默化、自己的耳濡目染、教育的整体引导，以及社会实践活动的推动等。

心理案例

在工作中培养兴趣

少年时，明青对绘画感兴趣，在读小学和初中的时候，他就多次在写生比赛中获奖。他喜欢艺术，相信自己在艺术上有良好的天赋和足够的能力。所以，在中职毕业的时候，他希望自己能够考入高职学院的美术专业，毕业后从事艺术创作工作。然而，明青却未得到家人和周围人的支持。在诸多压力之下，明青只好忍痛放弃了自己喜欢的美术专业，考入一所高职学院的工商管理专业。经过三年学习，明青逐渐对工商管理产生了兴趣，但是，他还是十分喜欢美术，一直没有放弃艺术创作。

明青毕业后进入一家公司工作，他渐渐喜欢上自己的管理工作。经过努力，明青从普通管理员成长为公司生产计划部的副部长。5 年时间里，明青在做好自己本职工作的同时利用业余时间从事艺术创作。他不但多次在公司的美术比赛中获奖，还为公司的广告创意和设计工作出谋划策。

明青在工作中不断思考并悟出这样的真谛：一个人在选择未来职业时，由于各种原因，可能在开始的时候进入一个自己不太熟悉或不太情愿进入的职业领域，会感到遗憾，但换一个角度看，这又何尝不是为自己拓展了探索人生的空间呢？

【心理分析】当我们面对不是很感兴趣的职业时，可以先尝试了解并付诸努力。我们了解它越多，就会逐渐对新领域产生兴趣，只要细心钻研，就会逐渐热爱新的工作并全身心投入其中。当然，如果处理好本职工作与业余爱好的关系，还会在职业和业余爱好两方面同时获得成功。

人们的职业兴趣一经形成就具有一定的稳定性，但根据实际需要，可以通过多种途径和自身的努力去改变及发展。

我们在学校学习期间，除了要掌握专业知识和专业技能外，还应该通过参加丰富多彩的活动培养自己的职业兴趣，并注意以下几点：

（1）培养广泛的兴趣。具有广泛兴趣的人的眼界比较开阔，解决问题时能够从多方面得到启发，在职业变动时能够较快地适应新的职业。

（2）形成中心的兴趣。人的兴趣只有广且精，才能够学有所长，并在特定的职业领域获得成绩。

（3）保持稳定的职业兴趣。稳定的职业兴趣能够使人以高昂的热情和饱满的精力投入职业之中，朝三暮四、见异思迁往往一无所获。

（4）培养可行的职业兴趣。职业兴趣可能伴随人的一生，因此，同学们在培养职业兴趣的过程中，既要考虑社会环境的因素，也要考虑自己的实际情况，切不可好高骛远。

心理案例

三兄弟学艺

传说古时候有兄弟三人，长大成人后父亲让他们去拜师学艺。老大学习屠龙艺，老二学习伏虎技，老三学习砍柴法。3年后三兄弟学成回乡：目空一切的老大因无龙可屠而被活活饿死；妄自尊大的老二因本地无虎而背井离乡，到虎豹出没的深山去谋出路；而脚踏实地的老三则学以致用，在乡里打柴、种地，自给自足，丰衣足食，过着幸福的生活。

【心理分析】老大学习的技能无用武之地，又不愿意面对现实，最终饿死；老二学习的技能不适合当地的需求，只能远走他乡寻求出路；老三学习了最适合当时、当地的生活技能而得以发展。这个故事说明职业兴趣是以社会的职业需要和个人实际为基础的。

每个人在确定了职业后，要努力培养自己的职业兴趣，让自己在从事这一职业的过程中获得更多的愉悦。

二、密码之二：性格与职业

1. 性格

性格指一个人在对人、对事的态度和行为方式上所表现出的比较稳定的心理特征，它是一个人在先天生理素质的基础上，经过后天生活、学习和工作环境的影响逐渐形成的。例如，在劳动中勤勤恳恳，就形成了勤劳的性格特点；经常不爱劳动，就形成了懒惰的性格特点；在困难面前不惧怕，就表现出坚毅、勇敢的性格特点；前怕狼后怕虎，遇事畏缩不前，则形成懦弱的性格特点。

心理案例

张飞与绣花女可以“换工作”吗？

《三国演义》中有一个三顾茅庐的故事。当时曹操称霸天下，刘备兵弱将寡。为纳贤求能，刘备带领关羽、张飞亲赴卧龙岗，三顾茅庐请诸葛亮出山。前两次因诸葛亮出门使三人碰壁，张飞窝火，牢骚满腹。第三次再赴隆中请诸葛亮，却见其正在草堂午睡，刘备便耐心地在一旁等候。张飞急得火冒三丈，想到屋后放火烧醒诸葛亮，幸被关羽拉住，才没坏了刘备的大事。可见，张飞是一个性格十分暴躁的人，这种性格使他在打仗冲锋陷阵时不畏生死，为蜀国立下了汗马功劳，堪称猛将。

我国的湘绣举世闻名，堪称世界一绝。那些精美的刺绣工艺品都出自心灵手巧的绣花女之手，她们既沉静稳重，又认真细心，一针一线用心刺绣。

如果我们将张飞和绣花女调换一下，让张飞去捏针绣花，让绣花女去持矛打仗，结果会怎样呢？

【心理分析】张飞作为性格暴躁的猛将，不适合手持绣花针从事需要细心、耐心才能完成的绣花任务，那必是强人所难；而柔弱的绣花女虽能完成手中的“锦绣河山”，却难以持矛打仗，更别提勇往直前、血洒疆场了。这个故事告诉我们：性格要与职业匹配，在选择职业的时候，我们一定要先了解自己的性格。

人的性格千差万别，我们可用下面的词汇来形容人的性格特征：含蓄与坦率、迟钝与机敏、激动与冷静、谦虚与骄傲、严肃与随和、善变与稳定、畏缩与莽撞、刚毅与脆弱、自信与自卑、实际与虚幻、真诚与狡诈、大胆与谨慎、保守与创新、乐群与孤僻、随便与自制……

性格没有统一的分类标准，一般依据个人对客观事物产生反应的倾向性将人的性格分为内倾（向）型和外倾（向）型两大类。

心理体验

请根据表演判断 A、B、C、D 四人的性格类型。

小品表演:《迟到的观众》

脚本：歌剧已经开演了。几分钟后，歌剧院门口陆续来了几位迟到的观众，检票员按规定谢绝他们入场。

A 面红耳赤地与检票员争了起来。他说歌剧院的时钟快了，再说晚几分钟不会影响别人，非要进去不可。

比 A 晚来了一会儿的 B 一看这情形，知道从这个门肯定进不去，想到楼上还有一个检票口，可能有机会进去，便跑到楼上去了。

C 这时候也来了，看到不让自己进去，心想："第一场可能不怎么样，还是先到小卖部转转，等一会儿再进去。"

D 最后到了，他一看不让进，自言自语道："真不走运，偶尔看场歌剧还来晚了，倒霉!"说完转身回家了。

2. 职业性格

在日常生活中以内倾型和外倾型来辨识人的性格是可行的，但是不足以此来制定职业性格。

职业性格指长期从事特定的职业活动，会使人巩固或改变原有的性格特征，形成一些更适合自己所从事职业的比较稳定的性格特征。

职业影响性格，性格适应职业。一般情况下，每种职业需要从业者具有相应的性格特征。根据职业与性格的关系，一般可将职业性格分为以下九类：

（1）变化型。具有这种性格的人能够在新的或意外的工作情境中感到愉快，喜欢工作内容经常有些变化，在有压力的情况下工作往往更出色。他们追求并且能够适应多样化的工作环境，善于将注意力从一件事情转移到另一件事情上。

（2）重复型。这种性格的人一般适合并喜欢连续不断地从事同一种工作，喜欢按照固定的模式或别人安排好的计划工作，爱好重复的、有规则的、有标准的职业。

（3）服从型。这种性格的人喜欢配合别人或者按照别人的指示去办事情，愿意让别人对自己的工作负责，不愿意自己担负责任。

（4）独立型。这种性格的人往往比较喜欢计划自己的事情，也喜欢指导别人的活动，善于从事独立的、负有责任的工作并从中获得快乐，喜欢对将要发生的事情做出决定。

（5）协作型。这种性格的人往往会在与人协作中感到愉快，善于引导别人按照客观规律办事，喜欢与同事在一起，渴望得到同事的喜欢。

（6）劝服型。这种性格的人一般乐于设法使别人赞同自己的观点，并且能够通过交谈或者书面文字达到自己的目的，对别人的反应具有较强的判断能力，善于影响他人的态度、观点和判断。

（7）机智型。这种性格的人具有较强的应变能力，在紧张、危险的情况下能够很好地执行任务，在意外的情况下能够自我控制、镇定自若、出色工作。

（8）自我表现型。这种性格的人喜欢表现自己，通过自己的工作和情感来表达自己的思想和观点。

（9）严谨型。这种性格的人注重细节的精确，在工作中按照规则、步骤将工作过程做得尽善尽美。他们工作严格、努力、自觉、认真、保质保量，并且喜欢看到自己出色完成工作后的效果。

心理体验

1. 你属于哪种职业性格？

2. 列举所学专业对应的职业，调查这些职业对从业者的性格要求，看看自己的性格与这些要求有哪些是相符的，哪些是不相符的。

3. 性格有好坏之分吗？

一般来说，性格并没有所谓的好坏之分。比如勇敢的人可能鲁莽，懦弱的人可能比较随和，谦逊的人可能圆滑，傲慢的人可能比较自信，任何性格都有两面性。在现实生活中，大多数人都兼有多种类型的性格，因此在选择职业时应该注重分析自己的性格类型，也可以通过求助心理辅导、职业指导老师，对自己的职业性格倾向进行测评，从而更加深入地了解自己。

三、密码之三：能力与职业

1. 能力

能力指才干、技能或能胜任某项工作的主观条件，包括完成一定任务的方式，以及所必需的心理特征。能力与人的活动密切相关，一方面，人的能力是在活动中形成和发展起来的，并在活动中得以表现，如学习能力、人际交往能力、组织控制能力等；另一方面，具有某种能力通常能够顺利完成某种活动，能力的强弱决定活动效率的高低，能力为从事某种活动的前提条件。

心理案例

“最没出息的人”成了作家

童话大王郑渊洁是“50后”作家。他只读到小学4年级，服过5年兵役，在工厂管了5年水泵，在学习中获得的最高资格证书是汽车驾驶执照。他在读小学的时候，好几门功课的成绩非常不好，数学总是不及格。老师说：“郑渊洁，将来咱们班最没出息的那个人就是你！”

然而，郑渊洁却不这么看自己，他觉得自己还是有许多长处的。比如，自己很富有想象力：一只小茶杯、一把钥匙也能编出一个故事来；自己的作文写得也可以，有时还被老师当成范文读给同学们听。既然数学学不好，总可以在写作方面发展发展吧？因此，他便注意在这方面锻炼和提高自己。你瞧，他后来终于成了著名作家！

【心理分析】每个人的智能都是多元的，但往往不是全能的，每个人都有自己的强势智能和弱势智能，“通才”和“全才”是极其罕见的。郑渊洁成功的关键在于认识自己、了解自己，选择了与自己的能力倾向相同的职业。

社会对人才类型的需求是多元的，每种智能类型的人都有适合的职业。在多元的智能类型和多元的社会需求面前，最明智的做法就是扬长避短，选择适合自己的职业。

生理学家、教育家霍华德·加德纳提出了多元智能理论，认为每个人在不同程度上拥有以下八项智能：

（1）语言智能。语言智能是指阅读、写作以及日常会话的能力。主持人、记者、律师、教师、文学擅长者、推销员等都具有突出的语言智能。

（2）数理逻辑智能。数理逻辑智能是指数学运算与逻辑思考的能力。科学家、工程师、统计人员、财会人员、软件研发人员等都具有很强的数理逻辑智能。

（3）音乐智能。音乐智能是指对声音、韵律的辨别与表达能力。作曲家、歌唱家、指挥家、调琴师、音乐欣赏水平较高的听众等具有较高的音乐智能。

（4）空间智能。空间智能是指用三维空间的方式进行思维，并能以图画的形式表达出来的能力。比如，航海家、飞行员辨别方向的能力比较强，画家、摄影师、建筑设计人员的空间表达能力比较强。

(5) 身体运动智能。身体运动智能是指能巧妙地操作物体和调整身体的能力。运动员、影视演员、舞蹈演员、外科医生、机械师、手艺人等都是这方面比较强的人。

(6) 人际交往智能。人际交往智能是指理解别人和与人交往的能力。外交家、领导者、心理咨询师、公关人员、推销员等具有较强的人际交往智能。

(7) 自省智能。自省智能是指善于自我反思、自我认识，并据此做出适当行为的能力。心理学家和哲学家常有高度的自省智能。

(8) 自然观察智能。自然观察智能是指善于观察自然界，对事物进行辨别和分类的能力。天文学家、生物学家、地质学家、考古学家、环境设计师、农艺师等通常具有较高的自然观察智能。

心理案例

迷茫少年的成才之路

生于1998年的刘豪是十九冶成都钢构分公司的工作人员，2019年7月，他被人力资源社会保障部授予“全国技术能手”荣誉称号。一个月后，在第45届世界技能大赛的赛场上，刘豪迎来了人生的“高光时刻”。

比赛开始前4小时，刘豪在对图纸和制造说明理解消化后，开始放样、下料、零件加工、装配成型、矫正、焊接，一系列工艺流程一气呵成。持续18个小时的比赛中，他组装出了一个坦克模型工件。

这个组装作品，让刘豪最终以86分的成绩夺得建筑金属构造项目银牌，并由此实现中国在世界技能大赛舞台上建筑金属构造项目奖牌零的突破。

中考失利，就读技校，而后入职十九冶成都钢构分公司，刘豪未曾想过自己有一天会像个战士一样扛起祖国的荣誉。那场比赛上，刘豪用专业赢得行业专家肯定，他身披国旗，站在了世界舞台的中央。

刘豪说，如果时光可以倒流，他最想回到中考失利那年。他会告诉16岁的自己：“别气馁，别放弃。”

【心理分析】中考落榜，就读技校，却让刘豪意外找到自己的路，迸发出自信和能量。在学习和成长的过程中，我们要不断了解自己的长处和短板，扬长避短，作出适合自己的选择。

正如一位哲人所说：“在各种排列中，任何人都想得第一。其实，得第一并不难，只要愿意另起一行，每个人都是第一。”每个班排排看，学习成绩排第一的只有一名同学，可是“只要愿意另起一行”，有的同学单科成绩排第一；有的同学声音甜美，唱歌好听；有的同学善于交际，与同学相处最好；有的同学擅长短跑，100米跑冠军非他莫属；有的同学心灵手巧，动手能力特别强；唱歌、跳舞、绘画、讲故事、爱劳动、守纪律、有礼貌、富有爱心……众多的第一在“另起一行”中都能找到合适的人选。

谋略家姜子牙在辅佐周文王姬昌打天下之前，他从事的所有经商活动都一败涂地，他本人甚至到了几乎不能养家糊口的困境，以致妻子都弃他而去。姜子牙在经商方面是庸才，但他在军事指挥方面无疑是经天纬地之才。

2. 职业能力

职业能力是在学习活动和职业活动中发展起来的，直接影响职业活动效率，它是使职业活动得以顺利完成的个性心理特征及综合素质。不同的职业对人的能力有不同的要求，如机械操作员等工种需要有较强的动手操作能力，解说员、导游员、营销人员等需要有较强的语言表达能力，演员既要有较强的语言、表演、模仿能力，也要有较强的应变能力和形体动作协调能力。

心理案例

出人意料的电话面试

在一家大公司的职业招聘中，7位年轻人进入最后一轮选拔考试，一起竞争办公室主任的职位。为此，公司人事部门专门安排了一次“实验室观察”考试：在实验室（墙上有单向玻璃，可以从隔壁观察室看到实验室内的情况）中事先布置了普通的工作环境，并将7位应聘者同时安排在其中，告诉他们在室内等候并可自己取水饮用。

其间，办公桌上的电话三次响起（实验室安排），两次问事情，一次找人。在应聘的年轻人中，只有李小姐主动拿起电话，开口便说“你好”，结束时不忘说“再见”。她礼貌、客气地向来电者进行解释，并外出为来电者找人。实验室又安排一人进入房间，坐在一旁，李小姐主动起身为他倒了一杯水。

在李小姐转身回到自己的座位还没有坐定的时候，隔壁观察室内的总经理心里便有了选择：就是她！

【心理分析】李小姐在整个应聘过程中并没有什么特别惊人的表现，她所做的事情既简单又普通，是其他六位应聘者都能做到的。唯一不同的是，李小姐主动性强，符合总经理对办公室主任这一岗位的职业能力要求，被录用也是顺理成章的事。

职业能力可分为一般职业能力和特殊职业能力。一般职业能力又称为普通职业能力，指人们从事不同职业活动所必需的共有职业能力，主要包括观察力、记忆力、想象力、注意力和思维能力等。一般职业能力通常表现为语文能力、数学能力、表达能力、交往与合作能力、自我控制能力、适应变化能力、自我反省能力、抗挫折能力、审美能力、收集处理信息能力、组织执行任务能力和创新能力等。

特殊职业能力又称专门职业能力，指从事某一特定职业所必须具备的特殊或较强的能力，如操作能力、绘画能力、音乐能力、运动能力等。

心理体验

成龙的演艺传奇

国际功夫影片巨星成龙受教育程度是2年小学加上10年戏剧学校教育。他的最佳功课是功夫，最差功课是数学。他高超的武艺和娴熟的演技为广大观众称道，受到世界影迷的推崇。特别是他在拍电影时遇到许多高难度、危险动作不用替身而由自己亲自表演，令人钦佩不已。通过多年的影艺实践，成龙逐渐创立了自己独树一帜的演艺风格，他将令人捧腹的幽默与令人拍案叫绝的特技动作融为一体，并通过身体力行将动作片的发展推向一个全新的境界。作为一名功夫巨星和献身艺术的斗士，成龙以勇者无惧的精神挑战自身极限，铸就了自己的传奇。

思考：

1. 分析成龙具备的职业能力。

2. 为什么人们常说“人人会唱歌，但能当音乐家的却是少数”？

3. 你熟悉的某种职业需要具备哪几种职业能力？

教师：

驾驶员：

…………

一般职业能力和特殊职业能力是相互联系的，从事某种职业既要一般职业能力，又要有特殊职业能力。一般职业能力是特殊职业能力的基础，特殊职业能力能促进一般职业能力的提高，只有在两者共同的作用下，才能使职业活动顺利进行。

3. 提高职业能力

不同人的能力差异是很大的。例如，有的人过目成诵，说明他有惊人的记忆力；有的人创意新颖，说明他有丰富的想象力；有的人出口成章，说明他有极强的语言能力；有的人运算敏捷，说明他有过人的数学能力。我们通过专业的测验了解自己的能力特点，作为针对性培养自己职业能力的参考。

职业能力的形成和发展是受诸多因素共同作用的结果，是人在遗传因素的基础上，在丰富多彩的社会生活中经过教育和实践，再加上自己的主观努力逐步形成和发展起来的。即使生理上存在某种缺陷的人，也可以借助于机能的补偿作用，使其他方面的能力得到充分发展。贝多芬是非常著名的音乐大师，让人称奇的是，他从小有听觉机能性缺陷，28 岁时听力就开始减弱。但他一生创作出了美妙的《第二交响曲》、优美的《英雄交响曲》《月光奏鸣曲》和《第五交响曲》等诸多伟大的音乐作品。甚至当晚年失聪时，他仍写出不朽的《第九交响曲》。

对于每个人来说，职业能力的形成都会经历从无到有、从弱到强的过程。我们可以通过以下几种途径提高职业能力：

（1）在校学习期间，我们要努力学习知识和技能。

（2）在实习实训中，加强专业技能训练；虚心向前辈学习，以指导自己的职业活动，达到事半功倍的效果。

（3）我们要多参与社会实践活动，有意识地挖掘自身潜能，并着力培养、锻炼和提高相关能力，积累经验并使之转化为自己职业能力的组成部分。

心理体验

1. 知识和技能是能力发展的基础，是不是我们有了知识或有了技能就等于具备了能力？

2. 先在下表适合自己的栏中画“√”，然后分析自己的一般职业能力并制订提高自身职业能力的计划。

一般职业能力	强	较强	一般	较弱	弱
语文能力					
数学能力					
表达能力					
交往与合作能力					
自我控制能力					
适应变化能力					
自我反省能力					
抗挫折能力					
审美能力					
收集和处理信息能力					
组织和执行任务能力					
创新能力					

我们了解了自己的兴趣，知道如何培养自己的职业兴趣；我们了解了自己的性格，知道职业性格是可以调适的；我们了解了自己的能力，知道职业能力是可以通过个人主观努力来提高的；我们认识了自我，明确了自己想干什么、适合干什么、能干什么；我们获取了自己的职业密码，就能像鱼儿一样畅游在河海，像鸟儿一样翱翔在蓝天。

课后活动

1. 选举鸟中之王

根据童话剧《选举鸟中之王》（选自《伊索寓言》）脚本进行角色表演，然后对给出的问题进行讨论。

有一天，小黄鹂向鸟儿朋友们提出建议："我们应该推荐一个勇敢的国王来领导大家，谁是我们鸟群中最伟大的，我们就选他出来当国王，好不好?"

"好！好！好!"鸟儿们都高兴地叫了起来，赞成小黄鹂的建议。

大家的欢呼声刚落，一心想做国王的孔雀就先开口了："各位鸟儿兄弟姐妹们，我的羽毛是最美丽的！你们选我做国王吧!"

说着说着，孔雀就把他那美丽的尾巴展开，在大家面前炫耀。

鹦鹉接着说道："有这么漂亮的孔雀做我们的国王，是值得大家骄傲的事情。我们就决定选孔雀来做国王吧。"

这时，麻雀不赞成鹦鹉的意见，说道："孔雀的确是最美丽的，这一点不错。但是，如果我们这些弱小的动物遭到别人侵袭，他有什么能力来保护我们呢？我认为，我们与其选一个美丽的国王，倒不如选一个在我们遇到危险的时候能够挺身救我们的鸟来做国王，大家说是不是？"

鸟儿们听了麻雀的话，都点头赞成。

最后，大家投票，选了强悍凶猛的老鹰做了大家的国王。

讨论并回答以下问题：

（1）老鹰为什么能击败孔雀？

（2）孔雀、老鹰各自的优点、缺点是什么？

（3）在职场上，你的优点、缺点是什么？

（4）职业能力和人的外在表现在职场中的关系是相斥、不相干还是相辅相成呢？

2. 为我的职业画像

现在，我们的脑海中已经有了自己未来职业的轮廓，请回答下列问题。

我的职业兴趣类型：

我的职业性格类型：

我的一般职业能力优势：

我的特殊职业能力优势：

我将来可能从事的职业：

工作内容：

工作职责：

资格条件：

前景展望：

我的榜样：

第 17 课　做好就业心理准备

选择了职业学校，就意味着我们将在这里完成从学生到职业人的蜕变，兴奋之余，或许还有些忐忑不安。面对职场，我们准备好了吗？

我们期盼着未来机遇的垂青，能顺利地驶入人生的新航程；我们渴望着有一份真正属于自己的事业，实现完美的人生。古语说："临渊羡鱼，不如退而结网。"从容面对，理性规划，积极适应，会让我们的职业征程顺利起步，获得更多成功的机会。

案例导入

有备而来

孙舟是某技工院校一年级学生，有次聚会，毕业班的师兄对他说："小孙，现在找一份好工作太难了，你以后要汲取我的教训，提前做好准备。我这里有一些资料，你可以拿去看看。"小孙一看，大部分是用人单位的情况介绍，还有一些发布就业信息的报纸和就业指导方面的刊物。把这些资料拿来后，他利用课余时间把它们翻了一遍，对企业具体需求、求职知识和技巧有了大概的了解。

学校就业指导老师还提醒同学们，找工作的时候，有工作经验能给自己加分。小孙把这句话牢记在心上，一有空，他就积极参加社会实践。寒暑假他也给自己找了一份实习工作，提前体验工作的酸甜苦辣。

转眼间，小孙也要参加顶岗实习了。他利用学校提供的资源，以及过去三年对目标企业的了解，做了一番分析和预测，列出有可能需要他这个专业的用人单位，提前把求职信发过去。

很快，他收到了用人单位的反馈，许多单位都对他如此熟悉企业情况惊讶不已。就这样，当其他毕业生还毫无头绪的时候，小孙已经选择了一家自己满意的公司。

俗话说："未晚先投宿，鸡鸣早看天。""兵马未动，粮草先行。"生活常理告诉我们，无论做什么事都要事先安排，早做准备。人的一生中，总有几次转折。当我们走向社会成为一名技能型人才、开始自己的职业生涯时，就是一次重要的转折。只有做好了能力、心理等多方面的准备，才能在未来开创美好的人生。

一、调适择业心态

一个人的目标、意向和期望对其活动的方向和成功都具有强有力的影响。我们从入学的那一刻起，就应该树立起求职竞争意识，逐步确定职业目标，有计划地提高自身综合素质，为实现人生目标奠定坚实基础。

就业是我们人生道路上的大事，但求职对我们来说是一件“新鲜事”，难免有些慌张。其实，心态才是求职和今后生活的关键，心态决定人生。调整心态，做好就业准备，是我们走向社会的重要一步。我们该有一个怎样的心态才能顺利地踏上人生新旅程呢？

1. 克服焦虑与急躁

就业意味着我们从学校走入社会，从学生变成独立的社会人。要适应新的生活，焦虑和烦恼油然而生。我们要认识它、控制它，将它转变为我们主动适应社会的动力。

心理案例

就业前的焦躁

小张在技工院校开心地度过了2年学习时间。在这2年里，他从来不屑于参加社会实践活动，对于未来的就业，他总是安慰自己顺其自然。离毕业只有3个月了，老师要求大家苦练技能的同时，也要做好就业求职的准备。小张的心情却是越来越不安，见人就说：“真是太累了，万一找不到工作怎么办呀？”“万一找的工作挣钱不多，不能孝敬父母怎么办？”

每次学校一有企业的招聘信息，他就急着去打听，害怕错过了好的机会；可是即便去到现场，他又担心自己达不到企业要求，瞻前顾后，内心难以平静。他说：“我吃不好、睡不好，学习的时候也无精打采，难受死了！”沉重的心理负担使他的面试成绩也不理想。看着同学们一个个就业了，自己还没着落，只能干着急，束手无策。

【心理分析】即将毕业的小张，表现出了对自己判断及能力的不自信，由此产生焦虑和急躁情绪，这和小张没有提前做好就业准备、没有正确的求职目标、更没有调整好求职心态、克服焦虑情绪有关系。

一切负面情绪的产生，都源于生活中遇到的难以解决的问题。我们应该给自己一个切合实际的目标，弥补昨天的不足，应对明天可能遇到的困难，一步步地去克服，这是解决焦虑与急躁更明确和更理智的做法。

2. 避免自卑与自大

对职业前景合理的期望，直接关系我们的职业选择与发展及身心健康。我们需要恰如其分地评价自己的优势与不足，既不自卑也不自大，找到属于自己的职业道路。

心理案例

难找工作的“班干部”

对于就业，小林一直觉得自己应该不成问题。她是班干部，组织能力强，能歌善舞，学习成绩也不错。可是看着大多数同学都有了工作，自己还没有着落，她感到很沮丧，觉得在同学们面前抬不起头来。其实，到学校招聘的厂家并不少，有几家零售企业招服务人员，有一家单位需要办公室接待人员，老师觉得她的语言表达能力不错，举止大方，推荐了她，但她认为那是伺候人的工作，而且起点工资不高，不愿意去。小林中意的几家企业，有的希望应试者踏实肯干，有的希望应试者技术全面，有的希望应试者谦虚质朴，他们都觉得她的个性不太合适。

几次应聘失败让小林觉得“颜面扫地”，她由原来的踌躇满志变得情绪低落、抬不起头来，甚至开始怀疑自己是不是不具备就业能力。

【心理分析】小林没有太多地接触、了解社会具体工作岗位的要求，对自身能力盲目自信。在遭受到打击之后，从自大转向自卑，没有及时调整期望值，而是对自我能力产生怀疑。自卑与自大之所以是形影不离的“朋友”，是因为它们产生的根源是一致的：在自我评价方面以偏概全，不能理性地剖析自己。

我们的自我评价更多地来自以往经历所带来的体验。如果不能理性对待个人经验，加上一些人对我们不恰当的看法，或我们自己偶尔感到的“失败”，我们就会给自己贴上“不行”“没用”的标签；如果因某一方面处于优势，或一直比较顺利，让我们觉得自己“干什么都没问题”，甚至觉得有些事“非我莫属”，我们就会盲目自大起来。

3. 走出依赖与盲从

轻松踏上职业征程找一份好工作，是我们每个人的愿望。我们大多数人身后有学校的支持，身旁有父母和亲朋好友的帮助，在有限的选择面前，我们会轻易放弃自己的选择权吗？

心理案例

一年中的三次就业

毕业仅1年的李军在家焦急等待第三次就业机会。第一次是一家大型企业来校招聘，他看到班上的同学大都报了名，性格内向的他怕以后进厂熟人太少，就跟着去了。谁知他和要好的几个同学没能分到一个车间，加上工资也不高，2个月后他就辞工回了家。第二次是父母托熟人找的一家小型公司，工资待遇较好，但他去了才知道在公司里除了完成本职工作外，还有许多杂事要做。比如说帮老板取邮件，老板不在时招呼一下客人等。他很努力，但不善于与人打交道，一天到晚都感到很紧张，只干了1个多月就回家了。现在的他，一想到就业就心烦："我在学校里成绩不错，在技能操作方面也是名列前茅，为什么那么多的同学都能找到理想的工作，我就是干不好呢？"

【心理分析】李军找不到满意的工作，更多的原因在于不知道自己究竟要什么。第一次就业，他一心跟随"大队伍"，这是盲从；第二次就业，父母帮他找工作，他没问清楚具体工作内容，就盲目上岗。不思考自己要什么，这是依赖。随波逐流，虽说简单，却不一定奏效。

有时，因为害怕失败，或感到自己无能为力，我们会放弃本该属于自己的权利，错过真正属于我们的机遇；有时，我们不恰当地要求他人替我们做决定，失败时却将责任推给他人和社会；有时，不敢表达自己需要什么，甚至不明确自己的需要究竟是什么，我们体会着无能、无助感；有时，我们害怕被人遗忘和独处，于是选择了从众。

老师、父母等长辈有较广泛的人际关系和社会阅历，朋友、同学对我们比较了解，我们应该重视和考虑他们在就业方面提供的机会和建议，但不能盲目依赖和听从。

也许初始时我们的选择很有限，也可能选错，但只要不放弃任何的选择机会，我们就能学会选择正确的方向。懂得选择就能把握好职业的方向盘，打开职业之门的钥匙。

二、规划职业生涯

新的职业生活，就如宽广的大海，有太多的选择也有太多的不确定因素，我们是否知道前进的方向，了解可能遇到的各种情况呢？

古人云："凡事预则立，不预则废。"没有目标和规划的职业人生，就如大海中漂浮的一叶小舟，茫然不知何往。指引我们职业生涯的"北斗星"就是职业生涯规划。

1. 成功人生需要职业生涯规划

职业生涯是指人一生连续从事和承担的职业、职务、职位的过程。职业生涯不仅是职业活动，而且包括与职业有关的行为和态度等内容。

心理案例

开办修配厂的“向日葵”

小向的父亲是钳工师傅，小向从小耳濡目染，也喜欢上了钳工工作。中考后，她选择了技工院校，希望以后能像父亲一样，成为一名技术工人。她是一名个子特别小的女生，学校的钳工实习课她都必须站在凳子上才能进行操作，但她性格开朗，从不因此而自卑，同学们都亲切地叫她“向日葵”。

毕业时，老师和同学们不免为她能否找到工作担心。出乎意料的是，3 年以后回到学校拜访老师时，她已经在镇上办起了修配厂，效益可观。她说，在学校时已考虑过就业可能遇到的问题，她具体分析了自己的情况：由于身材矮小，估计很难被用人单位录用，只能寻找其他的出路。最后她决定先了解与自己专业相关的信息，瞄准机会，然后想办法筹集资金，利用自己的专业技术走一条自主创业之路。

刚毕业时，考虑到自己在镇上人缘好，小向就借钱买了个冰柜做起冷饮生意，一个夏天就赚了五千多元。然后，小向揣着这点钱到市中心的大学旁租了一间小屋，做起了废品买卖，两年下来，积聚了一些资金。看着小农机械开始在乡镇普及，而乡镇离中心城市远，修理、更换配件不是很方便，于是小向买了两台旧设备，请了两名帮工，自己做师傅，开起了修配厂，现在修配厂的生意红红火火。

【心理分析】个人条件平平，可能被企业拒之于门外的小向，取得了让许多同学羡慕的成绩。她的制胜法宝是能审时度势，提前制定符合自身实际情况的职业生涯规划，这样既满足了自己的专业喜好，又发挥了自己的特长。

成功的人生需要规划设计职业生涯。人的职业发展过程可分为五个阶段：

(1) 成长阶段（0～14 岁）：以幻想、兴趣为中心，对自己所理解的职业进行选择与评价。

(2) 探索阶段（15～24 岁）：逐步对自身的兴趣、能力以及对职业的社会价值、就业机会进行考虑，开始进入劳动力市场或从事某种职业。

（3）确立阶段（25～44 岁）：对选定的职业进行尝试，变换工作，到逐步稳定。

（4）维持阶段（45～55 岁）：劳动者在工作中已经取得了一定的成绩，维持现状，提升自己的社会地位。

（5）退休阶段（55 岁以后）：职业生涯接近尾声或退出工作领域。

职业生涯设计是指个人和组织相结合，在对一个人职业生涯的主客观条件进行测定、分析、总结研究的基础上，对自己的兴趣、爱好、能力、特点进行综合分析与权衡，结合时代特点，根据自己的职业倾向，确定职业奋斗目标，并为实现目标制订计划。

2. 职业生涯设计四部曲

职业生涯设计由审视自我、确立目标、制订策略、生涯评估四个环节组成：

审视自我——充分且正确地认识自身的条件与相关环境；

确立目标——根据内外条件确定自己的职业目标；

制订策略——制订达到目标的具体可行的行动方案，包括达成目标的通路、大致的发展阶段及其任务和措施；

生涯评估——对实施职业生涯的情况及时进行评价和修正。

职业生涯设计需要我们立足于现实，积极思考，抓住一切可以利用的机会，才能真正地对现实起指导作用。

（1）审视自我。我是谁？评估自己及与周围环境的关系。

1）我想干什么？自己的兴趣、爱好、价值观和职业愿景等。

2）我适合干什么？自己的气质、性格、能力特征适合在哪些领域发展。

3）社会需要我做什么？包括自己选择的职业能否有助于自身在社会生活中各种角色的完成，社会给我提供了哪些可利用的资源，如人际关系、经济条件等，以及社会给了哪些目标岗位可供选择。

心理案例

“这不是我想要的生活”

小屈毕业后如愿以偿地成为一家工资高、福利好的外企员工，可 3 个月试用期结束后，他却选择了辞工。同学们对他有种种猜测，面对同学的询问，他说：“我原来只考虑到我家急需钱用，到那里工作后，虽然各方面条件好，领导对我也不错，但每天做着同样的工作，只需要熟练就行，没有一点挑战性，我的工作热情几乎降到了零点，我不想要这样的生活。”

【心理分析】别人羡慕的工作，小屈却选择了放弃，高薪没有给他带来成就感和幸福感，是因为他的职业没有给他想要的生活，不符合他的职业价值观。

职业价值观是人们在职业生活中表现出来的一种价值取向。不同的人有不同的职业价值观，而不同的职业能满足人的不同价值需求。

专业对口、有较高薪水，往往是初就业者最想要的结果。或许选择空间太小，我们无奈走上并不喜欢的工作岗位。我们是不是该听一听我们内心的声音呢？没有梦想的种子，再好的土地也无法开花。

心理体验

拥有与丧失——澄清你的价值观

5～8人一组，先由组员想一想个人生活中什么最重要，依次写下，并思考为什么，组员之间进行交流。然后逐一删除，每删除一项就交流一遍。

看一看，最后你最愿意留下的是什么？

（2）确立目标。我最可能成为的角色是什么？确定自己的职位目标，用一句话来描述：例如，多少年后，我要成为某地某行业某企业的某个职位的人士。每个人应根据自己的条件评估与选择目标。

1）地域选择重视发展空间。是去发达的大中城市，还是到县城或直接选择在自己的家乡就业？不同地域的发展机会和空间是不一样的。单从职业发展来说，刚开始工作，去发达的区域，能够得到好的配套资源，那里大企业相对集中，能开阔视野，就业的人力资源和培训机构多，个人职业发展机会多。激烈的竞争更能够激发个人潜能，更容易达到更高的职业高度，为我们的职业发展积累经验；在中等城市谋职或在家乡就业的竞争压力、生活压力相对较小。

2）行业选择重视发展前景。不同行业有不同的发展前景，因此行业选择意识是必不可少的。慎重选择行业，并持之以恒地发展，才可能了解行业的运行规律和发展趋势。掌握行业细节，积累人际关系，才有可能成为该行业的专家。若缺乏行业意识，漫无目的地变换行业，最终可能一事无成。

3）企业选择重视职业能力提升。在企业选择上，关键要看哪个企业有助于职业能力的提升。管理好、有良好的竞争机制和培训机制的企业往往让我们有更多的成长和锻炼机会；管理混乱、缺乏激励机制的企业会让人慢慢丧失职业发展的竞争力，让个人的职业生涯出现停滞或者倒退。

心理体验

你还在为选择目标而困惑吗?

根据自己的人生观、价值观，结合自己的实际情况和社会需求，慎重分析，初步确定自己的职业目标，并与家人和朋友讨论，看自己的分析和选择是否切实可行。

（3）制订策略。怎样才能成为我想成为的角色？制订职业生涯策略是指要达成确立目标的路线图、行动方案和具体措施。

1）寻求帮助。职业的成功需要他人在物质上和精神上的支持，谁是能帮助我们达成目标的人，在整个生涯中都要思考和寻找。

2）准备条件。知识、技能、人际关系、经验、资金等都会影响职业目标的达成，时刻要考虑通过什么方式在哪方面提升自己。

3）注意平衡。职业人生的成功需要投入时间、精力和资金，要处理好工作、生活、学习的关系，合理安排时间、统筹规划。职业目标的达成不应该影响生活质量，职业成功对我们的人生才有积极意义。

4）找对路径。如果目标是某一职位，确定自己阶段性的目标及达成的时间表；如果是创业，则明确如何准备、如何做大做强。

5）立足眼前。千里之行始于足下，我们今天所学的知识技能、各种经验，以及健康生活方式等，都应是职业生涯的必要准备。

心理案例

令人迷茫的“年终评价报告”

小菲，圆圆的脸，细细的眼，给人感觉亲切随和。商务专业毕业后，她干起了营销，打算往这方面发展，目标是能够当上营销总监。两年前，小菲跳槽进了一家制造企业任销售员，起初销售额不小，提成颇丰。然而好景不长，商场瞬息万变，加之小菲随机应变能力较弱，原有客户需求量下降，小菲的销售额锐减，而几家新客户的发展也不太顺利……

年终总结时，销售正处于青黄不接的时期，小菲收到公司人力资源部门的评价报告后黯然神伤：“财务指标：完成50%的目标，销售额呈下降态势；新客户开发：未有实质性结果……综合评判：不良；评语：希望不断努力，跟上团队，不被淘汰。”

年关看到这样一份评价报告，任谁都会倒抽一口冷气，小菲知道这张纸的背后隐含着什么，她感到从未有过的失望和沮丧，以致对自己从事的营销职业开始怀疑。她不断地问自己：“我是不是不适合这份职业，成功的可能性还有多少，下一步又该怎么办……”

【心理分析】小菲一是没有很好地进行职业生涯规划，自己随机应变的能力较弱，没能及时调整营销策略，没有适应瞬息万变的市场营销行业；二是没能正确对待评价，以致业绩上升时斗志昂扬，下降了便失望和沮丧。小菲应以此为契机，好好梳理和评估一下个人的职业生涯发展状态，盘点个人职业竞争力，找出优势和劣势，明确方向。

（4）生涯评估。我们的职业生涯是否需要改进和重新开始？职业生涯是一个连续的过程，发展中可能受阻，甚至根本无法继续，这需要我们及时分析原因，做出适当的调整，以保证职业生涯健康发展。

1）常规性评估。这是一种常态的评估，即对阶段目标达成的状况进行评估，分析总体完成的情况及存在的不足，总结得失，为下一阶段的目标达成积累经验。

2）挫折时评估。职业生涯发展遇到障碍或阶段目标不能达成时进行评估，寻求补救措施，对原规划予以修正。

3）失败时评估。遇到重大失败或主客观条件发生了未曾预测到的变化时进行的评估，对职业生涯规划进行分析和修正，或者重新制订与实际情况相一致的新的职业规划。

3. 职业生涯的协调与平衡

（1）职业生活与其他领域兼顾。人类社会生活领域包括家庭生活、社会公共生活和职业生活。成功的人生在于各方面平衡发展，而不是舍弃一切求得“功成名就”。要注重家庭与事业兼顾。

（2）职业目标与社会需求相协调。任何职业目标都应该符合社会所需，只有当个人的职业目标与社会需求保持一致时才具有价值，才能得到社会的承认和尊重，个人的成就感和幸福感才充分。

（3）做人与做事同样重要。职业生涯的成功离不开我们的朋友、家人的支持，需要与所在的组织、团队、同事共同合作，与不同的组织和个人打交道。要想得到支持，需要我们与他们和谐相处，这就需要良好的人品和人际沟通能力，学会做人是做事成功的前提。

（4）注重长期目标与短期利益的平衡。在职业领域，我们要关注长期目标的实现，只看到眼前的利益，只做好眼前的事情，职业生涯是很难长期发展的。我们通过关注短期利益来为目标实现创造条件。比如，过于在乎现在的工资收入而忽略了行业发展前景，这种做法是不值得提倡的。一些行业已经处在中、晚期阶段，其行业的薪资水平很高，起步薪水自然不菲，等行业衰落时一定会让人大失所望。求职时，不妨多去了解行业过去几年的发展趋势，是走上坡路还是下坡路，这对平抑当下择业的迷茫和浮躁有很大的作用。

（5）个人努力方向与目标一致。要处理好“抬头看路”与“低头拉车”的关系，自己努力的方向与目标保持一致，提高效率，少走弯路。方向错了，再努力也是徒劳。

（6）选择的确定性和灵活性的统一。职业生涯过程中遇到职业角色适应不良或失败的情况，需要修正或重选时，要审时度势，具有一定的灵活性。同时要注意行业连续性，尽量避免天马行空式的飞跃，让我们的行业资源增值，而不是积累一大堆不相干的失败经验。

心理案例

频繁跳槽没有换来理想工作

刚迈出校园的小张历经了几次求职失败，在一家私营企业向她伸出橄榄枝后，小张没有再挑拣，一口答应了全部条件。干了几个月，小张和同学联系时发现，同学们的待遇普遍都很好，相比起来，小张感到自惭形秽，“跳槽”的想法油然而生。一次，公司老板找她谈工作，语气稍微强硬，小张一气之下辞了职，重新踏上找工作的道路。

带着对上一份工作的不满，接下来的工作不是人家不愿意要，就是小张不愿意去。她先到了一家超市做销售工作，一段时间后又觉得超市工作时间长，跳槽到某公司做市场营销。之后又觉得这份工作成天在外面跑太辛苦，又跳槽到另一个公司当办公室职员。可是辛辛苦苦做满1年，公司发年终奖的时候，小张发现办公室职员拿到的奖金实在是少得可怜，于是她又想换工作。但接下来几次尝试都失败了，连她自己也不知道下一步该换什么工作。

【心理分析】许多人找的第一份工作并不是自己的理想工作，跳槽成了多数职场人士追求发展的途径。但是行业以及职业多种多样，加上小张对自我了解匮乏，经历了几年的职场发展后，她才发现自己看似万金油，却没有核心竞争力。

心理体验

你考虑过自己的职业人生吗?

请对自己的内、外部环境进行客观分析，确定自己的职业目标，写一份职业生涯规划书。

三、适应角色转变

等到毕业后，我们将不再是学生，取而代之的是实习生、员工、同事、被管理者等一系列新的角色。我们会因此对社会有完全不同的期望和要求，我们的行为方式、态度、价值观都必须为适应这一变化而做出改变。

心理案例

职场新人的烦恼

陈同工作3个月来，经常打电话向同学诉苦：师傅教技术既不热情也不主动，只在她问时才点拨一二；她工作很努力，可一旦出点小错，就会受到只比她大1岁的组长狠狠批评；她感冒了，不仅没有领导关心她，请假只是慢了一点点，就被通知要扣工资；在学校里她能感到每天学到新东西，但现在像木偶一样操作机器，枯燥极了，没有一点成就感；工资不算太低，可是没等到下次发工资就已所剩无几……总之，她感觉心里很郁闷、烦躁，觉得自己快要干不下去了。陈同的问题究竟出在哪里？

【心理分析】不难看出，陈同虽然已经工作，但她依然把自己当作学生，用学生的眼光看待和要求企业，缺乏自我管理能力，没有真正实现从学生角色到员工角色的转换。

职场新角色对我们是一个新挑战。我们如何更好地适应这一变化呢？

1. 培养自己的独立意识

要学会在经济上不依赖父母，处理事情时有主见，独立地完成各项工作任务并处理好自己的日常事务；有自己的价值观，敢于对自己的言行承担责任，不依赖、不盲从。

2. 改变看问题的角度

把自己看成社会的一员，理解和适应社会的多元性和复杂性。不再渴望自己是他人关注的中心，学会关爱自己，维护自己合法的权益；把同事、领导看作具有各自利益要求的社会人，承认人性的多元化，不用自己的价值观苛求他人，善于接纳不同价值观的人并与之合作；认同企业（单位）的目标是效益的最大化，看到其为达到目的而采用的制度、措施的合理性，并自觉服从它的管理方式和管理制度。

3. 学会对自己的选择负责

任何时候，无论出于任何原因，一旦我们选择某一职位，就应该承担该职位的责任，完成工作任务，恪守职业道德。

4. 处理好学习、工作与身心健康的关系

积极参加单位组织的各项培训和社会上组织的对自己职业能力有帮助的培训，树立终身学习的观念。不断提高自己的技能水平，建立良好的人际关系。多观察，多思考，采取积极多样的学习方式从各方面提升自己。同时注意劳逸结合，保持身体健康。

心理体验

找到事业成功的某位长辈，请教他是如何工作、学习和处理人际关系的，思考自己有哪些方面可能影响我们日后的职业生涯发展，拿出改进的措施。

5. 保持心理健康

了解工作单位的人文环境和较为复杂的社会现象，理性对待企业文化中的规则，坦然面对工作和人际关系中出现的问题，积极与人合作；处事果断，多提建设性意见，不消极抱怨，谨防不良情绪的困扰，维护心理健康。

对于未来的职业生涯，我们需要的是坦然面对、理性选择。也许我们的双肩还很稚嫩，心理还不成熟，但要相信，我们在成长，我们在准备，这是属于我们的希望。我们知道，自己不再是温室里的花朵，一路上风雨的洗礼只会让我们更成熟和坚强；我们不再焦虑，不再自卑，不再盲从，我们的不懈努力会让自己的职业生涯熠熠闪光！

课后活动

让我们来比较一下学生角色和职业角色的不同。

类别	学生	职业人员
社会职责		
社会地位		
学习方式		
管理方式		
评价方式		
人际关系		

第 18 课　掌握面试心理策略

有的人把一场场面试比作一次次“心理”战争，虽然“胜败乃兵家常事”，但有些失败是可以避免的。有的人担心年龄太小，经验不足，学技不精；有的人抱怨就业形势严峻，就业机会太少；有的人可能忧虑学历层次低，无法同更高学历层次的人才竞技……

在面试中，唯有理顺心绪、停止自怨自艾、调适不良心理，才能不因困难而退缩、不因打击而趴下、不因泥泞而愁苦、不因风雨而丧志，从而找到心理对策，开启属于我们的职业人生。

案例导入

问爸妈的意见

应届毕业生李丽收到某知名企业发来的面试通知，心里既高兴又紧张。在面试过程中，李丽表现很出色，考官对她各方面都比较满意。最后，考官对她说：“根据你的性格特点，我们想把你安排在公司办公室，这份工作可能跟你所学计算机专业不完全对口，但是我们认为你很适合。”李丽拿不定主意，小声地说：“要不，我回去问一下我爸妈的意见。”

主试者愣了一会儿：“好吧。”他微笑着说：“不过要记住，以后参加其他单位的面试，你可千万不要说‘问爸妈的意见’这句话了。”

如果李丽不喜欢这个岗位，采用这种方法婉拒，同时给自己留下回旋余地，当然可以；如果李丽很想得到这个岗位，却不能自己决定，而要回家问父母，则会让面试官感觉她心理不够成熟，没有担当。

有时候决定我们面试能否成功的不只是实力，还包括成熟的心理与良好的心态。面试表现得好与坏，直接导致我们能否被用人单位聘用。具备良好的面试素质，已经成为我们求职的必备技能。

一、走近求职面试

求职面试是招聘单位为更好地了解应聘者的职业素质而设计，以交流和观察为主要手段，用面对面的方式测试应聘者的方法。

1. 面试测评主要内容

（1）仪表风度。仪表风度是指应试者的体形外貌、穿着举止与精神面貌，是一个人内在素质的外在表现，反映了一个人的性格、气质、审美情趣和道德修养。

（2）工作态度和求职动机。了解求职者为什么希望来本单位工作，对哪种职位最感兴趣，在工作中追求什么，判断本单位提供的职位或工作条件能否满足其要求和期望。

（3）个人的基本素质。包括沟通表达能力、综合分析能力、反应能力与应变能力、人际交往能力、自我控制能力与情绪稳定性、自信心和责任心等。

（4）专业知识和技能水平。了解应聘者是否具备岗位所要求的专业知识水平和相关能力。

（5）世界观、人生观和价值观。特别是职业价值观，即一个人对职业的认识和态度以及职业目标。

2. 面试过程的特点

（1）以谈话和观察为主要手段。谈话是面试过程中的一项非常重要的手段。面试时，考官要求应聘者回答提问，直接、有针对性地了解应聘者。

观察是面试过程中的另一个主要手段。考官运用自己的感官，特别是视觉，观察应聘者的非语言行为，如表情。面试过程中，应聘者的面部表情会有许多变化。研究表明，从应聘者面部表情获得的信息量可达 50%以上。应聘者的面部表情可以反映其自信心、反应力、思维敏捷性、性格特征、情绪、态度等素质特征。例如，应聘者面部涨得通红、鼻尖出汗、目光不敢与考官对视，反映其自信心不足，心情紧张；应聘者的目光久久盯着地面或盯着自己的双脚，默不作声，反映其内心矛盾或正在思考等。

（2）面试是双向沟通的过程。在面试过程中，应聘者并不是完全处于被动状态。考官可以通过观察和谈话来评价应聘者，应聘者也可以通过考官的行为来判断对方的价值判断标准、性情偏好、对自己面试表现的满意度等，并调节自己在面试中的行为表现。同时，应聘者可借此机会了解自己应聘的单位、职位情况等，以此决定是否可以接受这一工作。因此，面试是主客体情感交流、相互了解的过程。

（3）面试内容的灵活性。面试内容对于不同的应聘者来说是灵活多变的。面试内容因应聘者的个人经历、背景、工作岗位及应聘者在面试过程中的表现等因素的不同而不同。

（4）面试对象的单一性。面试的形式有单独面试和集体面试。在集体面试中多位应聘者可以同时出现在考场上，但考官不是同时向所有的应试者发问，而是逐个提问及测评。即使在面试中引入辩论、讨论环节，考官们也是逐个观察应试者表现的。

（5）面试交流的直接互动性。应聘者的语言及行为表现与考官的评判是直接相连的，中间没有任何中介形式。面试中考官与应聘者的接触、交谈、观察是交互的、面对面的。面试的直接性提高了考官与应聘者间沟通的有效性与面试的真实性。

二、面试时的不良心理

面试是一场货真价实的“心理战”。在面试中，我们既要接受提问与考察，又要表现自我。有时我们因过于拘谨而表现不足，或因卖弄张扬而表现过分。不良的心理表现往往都难逃考官的慧眼。

心理案例

表现过头的面试

参加招聘会时，小金进入了一家国内知名企业的面试环节。据说投简历的超过200人，最后获得面试资格的只有30多人。在3人一组回答考官问题时，小金想着要脱颖而出必须表现得更加积极，所以在回答时，总是抢在别人前面多说两句。

面试官看到这一点，特意问他：“如果你跟同事发生矛盾，怎么办？”小金不假思索地说：“在我看来，有人的地方就有矛盾，工作场合应该以业绩论成败，既然是竞争关系，那有矛盾很正常。”一个星期后，小金仍没有收到复试通知，他知道自己失败了，可是怎么也想不通。

【心理分析】面试时，想要充分展示自己是对的，但小金过度表现自己，总是抢先讲话，忽略了其他人的感受。同时，他对工作中产生矛盾的看法是不正确的。在公司看来，他的表现表明他不注重团队合作精神，因此面试失败就在所难免了。

1. 期望过高

有些同学看待社会过于理想化，不能正确评估自己与周围环境，常常对自己期望过高。一方面，希望自己选择的工作单位待遇高、福利好、工作舒服；另一方面，又希望能专业对口，发挥自己的特长，得到领导的重用。在面试过程中，这类应聘者往往会表现出盛气凌人、目空一切、舍我其谁的态势。但期望值过高、过于自负的应聘者往往会事与愿违。

心理案例

还是大城市更适合我吧

“我的首选是大城市的名企业。”在一家公司的面试现场，当被问到“你打算在哪里开始你的职业生涯”时，数控专业的小林这样回答。考官皱着眉头问：“我们打算在一些二线城市开办分公司，你有没有兴趣？”小林犹豫了一下，“说实话，我对贵公司非常感兴趣，其中最重要的原因也是贵公司处于一线城市。而且，我本身从小地方来，再回去，父老乡亲都以为我没本事。我还是想留在大城市。”

【心理分析】小林在面试中高估自己的能力，一心只想留在大城市，并以“面子问题”为由，不愿去其他城市发展。其实，留在大城市工作无可厚非，但对于刚毕业找工作的小林而言，应更注重选择适合发展自己专业能力的企业去历练，等专业能力与工作资历积累到一定程度时再考虑到自己喜欢的城市工作，会更容易实现。否则会被认为是不愿吃苦、好高骛远的人，很多用人单位选人时往往对这类人避而远之。

2. 表现心理

表现心理是指应聘者主动展示自我的倾向。表现心理强的应聘者可能会主动与考官握手、抢着回答问题、言语过多等，但过分表现反而给人留下不好印象。

3. 戒备心理

戒备心理是指应聘者与考官之间因彼此陌生而出现心理上的距离感，具体表现为应聘者过于拘谨、防范、疏远、不愿说心里话等。

4. 掩饰心理

掩饰心理是指应聘者企图掩盖自身缺陷的倾向。应聘者在回答问题时支吾搪塞、答非所问；言行举止上，神色不安、抓耳挠腮、避开考官视线等。此类应聘者会被认为虚荣心较强，或者有明显的缺陷和弱点。

5. 怀疑心理

怀疑心理是指应聘者具有对面试过于敏感和多虑的倾向，表现为对考官的警惕性较高，对面试过程的敷衍态度以及对面试得分过于关注。这是因为应聘者对面试本身的公正性持怀疑态度，又或是个性原因，如对自身能力缺乏信心、性格内向、顾虑过多等。

6. 完美心理

完美主义者希望别人把他看成一个无可挑剔的人。面试中，完美主义者会尽量地掩饰、遮掩自己的不足之处，却忽略了面试的根本目的——全面而准确地展现自己的优点。一个人的缺点必然是越抹越黑，一个人的优点则是越擦越亮。

7. 恐惧心理

恐惧心理的表现形式有：第一，陌生恐惧。一见陌生人便脸红、紧张、说不出话，感到浑身不自在。第二，群体恐惧。当应聘者去某单位人事部门应聘，刚好办公室里有许多人，众人的目光又都投向他，他便会感到紧张、不自在。第三，高位恐惧。当去某单位应聘时，面试的主持人如果是领导干部，应聘者往往会被他们的职位名声吓到，一见面就会莫名其妙地感到紧张和不安。

8. 自卑心理

参加面试的人都有或强或弱的自我意识和自尊心，他们会较多地考虑自己的社会地位和未来发展，注意别人对自己的评价。自卑感往往产生在自我表现的过程中，当应聘者发现自己的某些缺点，特别是在求职面试过程中受到挫折后，为了维护自尊心，就会在面试中表现出一种自卑的倾向。

心理案例

“比别人矮了一截”的小郑

招聘会上，学习电子商务专业的小郑看上了一家外贸公司的职员岗位。面试时，他发现老板亲自担任考官，于是不由自主地紧张起来。

考官的第一个问题就把他难住了。“我们招的是专科学历，你是中专，怎么会来应聘这个岗位?”小郑顿时觉得自己比别人矮了一截，他支支吾吾地回答:“我觉得你们公司挺好的，也比较适合我的专业。”“我们公司好在哪里?这里工作压力很大，平时要经常加班，你可以适应吗?”……几个问题问下来，小郑已经觉得招架不住了。他说了声“对不起”，慌忙起身走人，一边不断地懊悔自己真不该来自取其辱。

【心理分析】小郑的自卑源于学历层次未达到该企业的招聘要求，但如果他提前做好预案，从专业对口入手，再充分表达出自己愿意吃苦、愿意不断学习提升专业能力的决心，是有可能获得就职机会的。缺乏自信的应聘者会让人产生能力差、不堪重用的联想，不受用人单位欢迎。

9. 怯场心理

怯场心理是指在面试时心情过分紧张和焦虑，导致感觉的敏锐性下降，知识、技能的回忆受阻，注意力集中不起来，影响自己原有能力发挥的心理现象。运动员可能因面临很强的竞争对手而怯场，歌唱演员可能因不适应新的演出环境而怯场，学生可能由于缺乏经验害怕失败而怯场。怯场往往是不适应、担心、害怕的结果，它是面试时需要战胜的敌人。

10. 迎合心理

迎合心理也称逢迎心理。具有较强逢迎心理的人往往极力在各种场合塑造人见人爱的形象。但他们的资本不是自身的真才实学及良好的仪表风度，而是逢迎的表情和语言。具有这种心理的人在面试中会不失时机地恭维考官，在回答问题时往往顺着考官的弦外之音，希望博得考官的好评。结果往往适得其反，非但不能得到考官的青睐，而且会影响对应聘者真实素质的评价。

三、塑造个人形象

形象通常是指人的精神面貌和性格特征，现实中指人的内在素质和外在表现的综合反映。形象仪表美是心灵美的体现，是对生活的热爱，是对社会和他人的尊重。

在社会交往活动中，人的外在形象往往会起潜移默化的微妙作用。研究表明，个人感受到对方仪表的魅力后往往会希望再次与之见面。端庄、美好、整洁的仪表，能使人产生好感，从而有益于社会活动的开展。因此，注重仪表、塑造自己最佳的形象是我们必须学习的。

1. 保持仪表整洁

干净、整洁是个人礼仪的最基本要求，它包括面容、头发、脖颈与耳朵、手、服饰等方面的整洁。面容应当润泽光洁，耳朵、脖子应当干干净净。面部是一个人形象最突出的代表部分，面容是否洁净、皮肤是否保养得当，看上去是否有生气、光泽，都直接关系到他人对我们的印象。一个有教养的人，绝不会是不修边幅、蓬头垢面的人。

头发常常不像面容那样受人重视，但我们仍要保持干净整洁、松软亮泽。整齐的发型衬出光洁的面容，能展现我们良好的素养和气质。一般来讲，招聘单位都不喜欢应聘者留怪异的发型。此外，注意检查我们上衣的肩背部是否落有头皮屑和头发，避免给人一种不整洁的感觉。

有了光洁的面容、整齐的头发，还要注意手与皮肤的清洁。在人的仪表中，手占有重要的位置。一般来说，男生不宜留长指甲；女生如果留长指甲，一定要修剪整齐，保持洁净；不要文身。

心理体验

下面是同一人的不同形象对比图。如果作为非艺术行业的求职者，哪一个形象遭到拒绝的可能性更高，请说说你的第一感觉。

2. 注意重要细节

口腔卫生是个人仪表仪容的重要内容之一。我们应注意口中有无异味，与人交谈时，口中散发难闻的气味，会使对方不愉快，自己也很难堪。通常情况下，口腔异味多为口腔疾病或不注意口腔卫生引起的，或可能是由身体内部疾病引发，或是由葱、蒜、韭菜等食物引起。我们可以随身携带口香糖来减少异味。但正式交际场合中，嚼口香糖是不礼貌的行为。

除了口腔卫生外，我们还需要注意身体异味。多洗澡，勤换内衣，可有效减少身体异味。

服饰穿戴方面，注意衣领袖口或其他地方有无污渍，是否平整无皱褶、扣子齐全，衣服是否有开线的地方。此外，对鞋袜要像对衣服一样重视，皮鞋应保持鞋面光亮。有人说"三分衣服七分鞋"，可见鞋面整洁在仪表中的重要性。

3. 力求简约大方

要求简约，就是在整理、修饰仪表仪容时，要力求简练、明快、朴素。端庄大方，就是要力求斯文、雅致，不花哨、不轻浮、不小气。具体如下：

（1）发型。发型上，男性应求短忌长，女性不提倡留披肩发。偏爱披肩发者，在工作岗位上要将它盘束起来。如果染发，颜色宜与本身发色相近。

（2）指甲。指甲总的要求是忌长。除了必要的指甲保养，不宜做过于张扬的彩绘。

（3）面容。男士一般不化妆，以修面、理发为主，但可用少量护肤霜、香水等；女士要以淡妆为主，达到容貌端庄自然的效果。

可根据着装、自身特点、场合需要选择佩戴饰品。佩戴饰品时应符合佩戴要求，以点缀为主。

心理体验

请判断下列形象，哪个更适合职场？

4. 注重面试礼仪

（1）面试时不能迟到，应提前几分钟到达面试地点。这既能表明我们是守时的人，又表明我们求职的诚意。

（2）像走进家门一样自然地走进面试现场，千万不要抱着双肩或搓手摆头。

（3）见面时，向在场的人问好。一句“您早”“您好”，可以使我们和考官之间产生和谐气氛，有利于我们毫不拘谨地开始面试谈话。

（4）考官没请我们坐下，切勿急于坐下。请我们坐下时，说声“谢谢”之后入座，并保持良好的坐姿。

（5）谈话中，目光注视对方，不要飘忽不定。要注视，不能逼视，别让对方感到我们在威胁他。

（6）表示对考官感兴趣。每个人都偏爱喜欢自己的人，注意倾听，既表现谦虚，更是尊重与爱的表示。在对方谈话时，可以适时地点头，对方说到高兴风趣处，我们可以报以微笑。

心理案例

我们要的是员工，不是浪子

应届毕业生小荣在班里的学习成绩一般，但开拓能力强，人也机灵。面临择业，小荣既兴奋又紧张。通过参加一系列的招聘活动，最后他选择应聘一家有知名度的广告公司。

面试那天，小荣由前台引领进公司大门，只见他晃晃悠悠地走进办公室，见到办公桌前的两位考官看着自己，忙点头说了声“你好”。不等回话，小荣一屁股坐在了椅子上，两腿叉开，胳膊肘支在办公桌上，等着考官问话。两位考官开始问问题，小荣略显紧张地回答着，两只脚在办公桌下不由自主地抖动。也许是为了平和自己紧张的情绪，小荣不断地变换着坐姿，一会儿跷起“二郎腿”，一会儿又踮起脚尖，两条腿还不时地晃动。面试只进行了5分钟就结束了，小荣站起身来，斜着身子问何时能得到答复，考官只说了一句：“回家等着吧！”小荣高兴地走了。

小荣走后，两位考官异口同声地说：“我们要的是员工，不是浪子。”

【心理分析】小荣面试时走路晃晃悠悠，坐姿和礼仪太过随意，以至于他被考官认为是一个“浪子”。他在问答环节表现如何已不再重要，关键是他给考官留下了不好的第一印象。

心理体验

1. 在面试时，你有类似下面的举止吗？

(1) 手：这是面试中最容易被观察到的部位。有的同学双手不安稳，出现玩弄领带、挖鼻、抚弄头发、掰关节、玩弄考官递过来的名片等动作。

(2) 脚：有些同学不自觉地晃动、前伸、跷起脚等，不仅人为地制造紧张气氛，而且显得心不在焉，相当不礼貌。

(3) 背：弯着腰，弓着背，连我们自己都不喜欢的形象，考官又怎么能对我们有信心呢？

(4) 眼：或惊慌失措，或躲躲闪闪，该正视时却目光游移不定，给人缺乏自信或者隐藏不可告人秘密的印象，易使考官反感；另外，死盯着考官，又难免给人压迫感，招致不满。

(5) 脸：或呆滞死板，或冷漠无生气，有这种习惯性表情的同学应赶快改掉，一张活泼动人的脸很重要。

(6) 行：手足无措，慌里慌张，反应迟钝或明显缺乏自信，不仅会自贬身价，而且也会让考官对我们的能力产生怀疑。

2. 对着镜子观察自己的礼仪风度，进行一次自我评价。然后，整理一份个人礼仪的准备清单。

我的礼仪准备清单：

衣着要……

仪容要……

举止要……

…………

总之，我们如何包装或表现自己不仅关系到我们对他人的态度以及对自身价值的重视程度，而且也是我们内在素质以及是否具有职业特征的反映。营造良好的职业形象是踏上职场的第一步。

四、面试心理策略

面试虽说是一场“心理战”，但我们大可不必惊慌。只要掌握面试中的心理对策，就能表现富于魅力的自我，成功地推销自己。

1. 充满自信

如果我们在求职面试中感到信心不足，在日常交往活动中不妨试着从以下几方面来强化，为成功的面试做准备。

（1）充分意识到自己的有利条件，不可妄自菲薄。

（2）保持谈话中的沉默间隔，不要急不可待。这样会使我们有更多的思考时间，也使对方感到我们是充满自信的人。

（3）如果对方声音超过我们，我们可以突然把声音变轻，这种音量差会给对方造成心理压力，使对方更想细心地听我们说。

（4）看着对方的眼睛讲话，如果对方回避我们的目光，说明我们比他坚强。

（5）经常要明确这样一件事：人各有长短，都存在着有求于人和被人所求的可能，不能因为有求于别人就感到自己低人一头，也不能因为被人所求而趾高气扬。

2. 准备充分

要做好充分的准备工作。对于需要参加面试的人来说，事先有意识地对用人单位进行全方位的信息了解，特别是人力需求的相关信息，做好各类问题的预案是很有必要的。

心理案例

第三次应聘

营销专业毕业的小雅第三次走进北京知名房地产公司时，人力资源部经理不耐烦地说："早就告诉过你，你不符合我们的招聘条件，怎么又来了！"小雅说："我这次不是来应聘售楼员的，我是来应聘市场部专员的。""可我们并没有招聘这个职位啊！"人力资源部经理有些吃惊而且费解。"我考察过你们的楼盘了，我做了个营销策划，可以在2个月内完成这个楼盘的销售，请你们考虑一下我的策划。"第三天下午，小雅便在这家公司得到了该职位。

【心理分析】小雅虽一开始被拒绝，但并没有打击到她，她专心考察楼盘并完成有效的营销策划，转而投向公司的市场部，展现自己的价值。

3. 心理放松克服紧张

面试时，怯场、羞怯和紧张都属于正常心理，但如果过于紧张，会严重影响面试结果。

心理案例

过于紧张，表达不畅

志炎参加一家外企的面试时，表现得过于紧张，不敢直视考官，回答问题时有些口吃，思路也不是很清晰。有经验的考官发现他的这种情况后，便同他聊一些轻松的话题，但仍未能有效地缓解其紧张情绪，最终导致他在很多方面都不能充分展示自己，最后还是没能被录取。

【心理分析】志炎缺乏面试经验，难免紧张，虽然考官有技巧地引导，但他最终还是遗憾地未能很好表现自己。要充分意识到自己的有利条件，不可妄自菲薄，保持谈话中的沉默间隔，不要急不可待，这样会使人有更多的思考时间，也使对方感到我们是充满自信的人。

提前做好以下“心理放松训练”，可以有效克服面试紧张：

（1）倘若面试前怯场，最好是转移注意力。可以数数，可以背英语字母表，也可用深呼吸来缓解已出现的怯场情绪。

（2）要做好充分的准备工作。对于需要参加面试的人来说，事先有意识地加强社交方面的训练是很有必要的。预计到自己临场可能很紧张，应事先请有关教师或同学充当考官，举办模拟面试，找出可能存在的问题与不足，增强自己克服紧张的自信心。

（3）应反复告诫自己，不要把一次面试的得失看得太重要，我们自己紧张，竞争对手也不轻松，也有可能出差错，甚至可能不如我们。同等条件下，克服了紧张，大方、镇定、从容地回答每个提问，就可能取得胜利。

（4）不要急着回答问题。考官问完问题后，应聘者可以考虑5～10秒钟后再回答。回答时，要注意语速不可太快，太快容易使思维与表达脱节，也易表达不清。要做到面试从头至尾讲话不急不慢、逻辑严密、条理清楚、让人信服。

（5）公开说出自己的紧张，让对方帮我们放松。当面对众人或陌生人感到紧张时，不妨干脆说出自己的感受，自嘲可以缓解紧张的情绪，使自己轻松起来。

（6）调整呼吸。步入面试室大门之前，可以尝试深呼吸几次，或采取“呼吸守点法”，即呼吸时眼睛看一个固定目标，这样可以稳定情绪。

心理体验

心理放松训练

首先吸气，尽可能地让自己肺的下半部分充满空气，姿势随意。

双手轻轻置于肋骨架的下部，缓缓抬头，同时暗示自己“我很放松”。吸气要做到缓慢而自然，要用腹部的力量吸气，胸膛不要剧烈起伏。

屏住呼吸，放松全身肌肉，再将空气均匀平缓地呼出。很多时候，只要一个深呼吸便可让自己感觉到镇定与平静。

4. 有效控制焦虑情绪

焦虑主要是生理现象，通常给我们带来烦恼，所以我们希望能摆脱它。但是，我们想摆脱它，就会在它身上加注更多的注意力，它便会膨胀，结果形成了恶性循环。斩断这个恶性循环的唯一办法便是暗示自己“由它去吧”，一旦我们不再注意身上的焦虑，焦虑状态便会自然而然地减轻或消失了。

心理案例

恍然大悟的铁匠

一个铁匠家里非常贫困，于是铁匠经常担心：“如果我病倒了不能工作怎么办？”“如果我挣的钱不够花了怎么办？”结果这一连串的担心像沉重的包袱压得他喘不过气来，使他饭也吃不香，觉也睡不好，身体一天天地变弱。

有一天铁匠上街去买东西，突然昏倒在路旁，恰好有个医学博士路过。博士在询问了情况后十分同情他，就送了他一条金项链并对他说：“不到万不得已的时候，千万别卖掉它。”铁匠拿了这条金项链高兴地回家了。从此之后，他经常想着这条项链并自我安慰道：“如果实在没钱了，我就卖掉这条项链。”这样他白天踏实地工作，晚上安心地睡觉，逐渐地又恢复了健康。后来他的小儿子也长大成人，铁匠家的经济变得宽裕了。有一次他把那条金项链拿到首饰店里估价，老板告诉他这条项链是铜的，只值1元钱。铁匠这才恍然大悟：“博士给我的不是一条项链，而是治病的方法!”

【心理分析】从这则民间故事里，我们可以悟出这样一个道理，越想摆脱焦虑就会越焦虑，而越焦虑就越想摆脱它。不预支明天的烦恼，只做好今天的功课，就是应对明天烦恼的最好法宝。特别是当我们把心头的那个沉重包袱放下时，原来那些令人不安的后果也不一定会发生。

应聘者要学会接纳自己正常的焦虑状态，带着这种状态去做自己该做的事。但是，部分应聘者由于心理平衡能力较为脆弱，难以承受面试所造成的心理压力，会陷入过度的焦虑状态之中。

过度的焦虑状态可以从三个方面来诊断：一是不良的情绪反应，如紧张恐惧、心烦意乱、喜怒无常、无精打采等；二是不良的生理反应，如肠胃不适、原因不明的腹泻、多汗、尿频、头痛、失眠等；三是不良的智力反应，如记忆力减退、注意力不能集中、思维迟钝、学习效率下降等。

心理体验

面试前的焦虑状态测试

下面这些题目可以帮助应聘者对自己面试前的焦虑状态有个确切的判断。请认真阅读每一题，如果题中所述与自己情况“很符合”计3分，“较符合”计2分，“较不符合”计1分，“很不符合”计0分。

1. 面试还有好几天，我就已经坐立不安了。
2. 临近面试时，我会拉肚子。
3. 一想到面试即将来临，我的身体就会发僵。
4. 面试前，我总感到苦恼。
5. 面试前，我感到烦躁，脾气也变坏。

6. 面试准备期间，我常会想到："面试如果通不过，我该怎么办？"

7. 面试一天天逼近，我的注意力越来越难以集中。

8. 一想到马上就要面试了，参加任何文娱活动我都觉得没劲。

9. 面试前，我常常预感到"这次要糟"。

10. 面试前，我常做关于面试的梦。

11. 面试前，我上厕所的次数增多。

12. 面试前，我常常感到头痛。

13. 我担心如果我通不过面试，有些人会瞧不起我。

14. 面试是一种让我厌烦的人才考察方式。

15. 面试前过于紧张。

16. 如果面试不关系到我的未来，我会喜欢它的。

统计得分；

得分近乎是 0，说明你对面试毫不在乎。

得分在 0～11 分，说明你很镇定，能以较放松的态度来面对面试。

得分在 12～24 分，说明你有轻度的焦虑，面对面试，你可能有点惶恐不安，但这是正常的，请记住，轻度焦虑会有助于你在面试中的发挥。

得分在 25～37 分，你的焦虑感过高了，对于即将到来的面试，你过于激动。要及时采取有效合理的措施，帮助自己在面试中发挥出正常水平。

得分在 37 分以上，说明你已经患上"面试焦虑症"，对于面试有着莫名其妙的恐惧感，在面试中，你往往会严重"怯场"，你必须要扭转这种局面。

预防和降低面试前过度焦虑状态的有效措施有：

（1）积极的自我暗示。在面试前，应聘者习惯于叙述一些自身的事情。面试焦虑者的叙述常常是消极的，会习惯性地对别人讲"我可能通不过面试"等。这些消极的暗示会破坏良好的心境，分散注意力，降低应聘者自己的信心，并把自己引入胡思乱想之中，以致无法在面试中积极地发挥自己的水平，结果也容易会被消极暗示所言中。相反，假如能对自己进行积极的暗示，应聘者就会充满自信，心境悠然，注意力集中，思维敏捷，以致在面试中积极地表现自我，而面试结果也会常常被自己的积极暗示言中。

（2）运用系统脱敏法，消除过度焦虑。所谓的"系统脱敏法"，即通过一系列的步骤，逐渐训练个体的心理平衡能力，增强心理适应能力，从而消除敏感反应，保持身心的平衡状态。

心理体验

面试焦虑的系统脱敏

面试焦虑的系统脱敏可以这样进行：第一步，认真反思自己的情况，按照程度轻重将引起面试焦虑的情境排序。比如：面试准备期间、面试前一天、面试等待时间、进入面试室、和考官打招呼、面试中的尴尬局面等。第二步，运用想象进行“脱敏”训练。首先从能引起你最轻度焦虑的情境开始想象，尽量逼真地想象当时的各种情境、考官的表情和自己的内心体验，一旦有身体的紧张反应或内心的焦虑状态出现，使用言语暗示自己沉着、冷静、停止紧张，同时进行有规律的深呼吸，尽量放松肌肉，以减弱身体的紧张状态，直至镇定自若。然后依排好的顺序想象第二个情境，依次进行训练，最后达到想象最紧张的面试情境时也能够轻松自如。

需要指出，系统脱敏的最后完成需要一定的时间，只要坚持下去，就一定能取得良好的效果。

(3)“暴露冲击法”消除过度焦虑。从自己不看重的面试机会入手，亲历面试过程，成功或碰壁几次后再去参加面试，我们就会坦然得多了。

应聘者以平常心去面对自己正常的焦虑状态，带着自己适度的焦虑坦然面对面试，这才是对付焦虑最有效的方法。

心理体验

利用休息日到当地的劳动力市场进行一次求职面试实践。

5. 恰当致谢

面试结束后，不妨给考官写一封致谢信或打个电话，谢谢对方花时间和自己面谈，说明面谈给自己留下了愉悦的感受，再次表明自己对职位的兴趣和信心。如有必要，再给他们补充一两份先前没有提供的资料，借以证明自己确实适合那份工作。信或电话以表达礼貌为主题，要在对方尚未完全做出决定前及时传递。同等条件下，恰当的礼仪会比别人更胜一筹。

心理案例

一个电话收获一个职位

某家公司组织招聘面试，最后挑选出5名实力不相上下的应聘者，可公司只能录取其中1个，怎么办？当天下午召开人事会议决策，会议出现异常的冷场：5个人条件相当，令人难以取舍。与会者面面相觑，期待能推出最合适的人选。突然，会议室的门被推开，秘书小姐转告各位："今天上午参加面试的小曹打电话向各位道谢'面试的时候，承蒙各位的照顾和指点，特此致谢'。"话刚说完，会议室中原来沉闷的气氛忽然间活跃起来，"哎，就是他！"几乎每个人都脱口而出。

【心理分析】求职面试是一门学问，又是一门艺术，讲究智慧和策略。

让我们掌握面试的方法，灵活运用面试心理策略成功推销自我。让我们以处变不惊的心态、坚韧不拔的意志、豁达大度的胸怀、严谨审慎的驾驭生活的能力信步于职业人生之路！

课后活动

模拟招聘：绿色饭店招聘会

1. 课前准备

（1）布置场景。把课桌重新摆放，安排总经理、人事经理、业务经理和应聘者席位。正面墙壁上模拟公司大门，悬挂公司名称和徽标（请同学自己设计）。对面墙壁上悬挂反映公司文化的大幅口号，左右墙壁贴上标语。

（2）选定角色。根据同学推荐，挑选2人担任考官。考官在公司中的具体职务：一人是主管业务经理，一人是人事经理，请就业指导部门的教师担任总经理，任课教师担任主持人。

（3）角色化妆。制作胸卡供佩戴，分别为"总经理""业务经理""人事经理"和"应聘者1号""应聘者2号"等。应聘者在应聘前写好1份求职信，做好服饰、语言等方面的准备。

（4）设计模拟应聘评估表。教师和学生共同设计求职应聘评估表的项目和各项目的分值标准，总分100分（参考附录1）。

（5）安排小乐队。安排3个有音乐专长的同学，担任小乐队成员，进行快节奏短时（2～5秒）的乐曲训练。小乐队在更换应聘者或应聘者表现精彩时奏乐。

2. 现场模拟招聘

招聘活动分为“个人面试”“职位竞争”和“应聘评估”三个阶段。

（1）上课铃声响起，播放歌曲《真心英雄》，同学们别好胸卡，迅速就座。

（2）任课教师上台，以主持人身份致开场白。

（3）“总经理”讲话：“我们绿色饭店发展形势很好，业务扩大，需要选拔饭店服务与管理专业的年轻人才，现在开始招聘。”

（4）主持人安排应聘者的顺序，并宣布招聘规则。

（5）“个人面试”活动开始，应聘者分别上台活动。首先，应聘者进行1分钟的自我介绍。然后，回答招聘组提出的5～6个问题，时间为3分钟。接下来的2分钟，应聘者回答台下其他同学的自由提问。最后，招聘组的成员和台下的同学为每个应聘者打分（招聘组的问题参考附录2）。

（6）进入“职位竞争”准备阶段。“总经理”宣布招聘“业务经理”，当场介绍业务经理在公司中的职能和日常工作内容，提出招聘条件，任一同学均可应聘，教师鼓励同学举手参加竞聘。

（7）主持人指派2名同学在竞争“业务经理”的时候，计算“个人招聘”阶段每个求职者的得分，去掉一个最高分，去掉一个最低分，其余的分数加总平均，排出名次。

（8）“职位竞争”活动开始，参加竞聘者发言。每人1分钟，总共10分钟。

（9）进入“应聘评估”阶段，任课教师和“总经理”对同学的表现进行点评。

（10）教师宣布“个人面试”的成绩和排名顺序，“总经理”宣布被录取的3名同学和被录用为“业务经理”的同学名单。招聘活动结束。

附录1：模拟应聘评估表

应聘者：　　　　　　应聘岗位：　　　　　　最后得分：

1. 形象礼仪：	□1	□2	□3	□4	□5	□6	□7	□8	□9	□10
2. 主动性：	□1	□2	□3	□4	□5	□6	□7	□8	□9	□10
3. 人职匹配：	□1	□2	□3	□4	□5	□6	□7	□8	□9	□10
4. 自信心：	□1	□2	□3	□4	□5	□6	□7	□8	□9	□10
5. 责任感：	□1	□2	□3	□4	□5	□6	□7	□8	□9	□10
6. 应变能力：	□1	□2	□3	□4	□5	□6	□7	□8	□9	□10

7. 创新能力：　□1　□2　□3　□4　□5　□6　□7　□8　□9　□10

8. 进取精神：　□1　□2　□3　□4　□5　□6　□7　□8　□9　□10

9. 求职态度：　□1　□2　□3　□4　□5　□6　□7　□8　□9　□10

10. 面试技巧：　□1　□2　□3　□4　□5　□6　□7　□8　□9　□10

附录 2：招聘组的问题

一、问答题

1. 你为什么想要到绿色饭店就业？

2. 你希望从工作中得到的最大回报是什么？

3. 你进入本公司想要到什么部门工作？为什么？

4. 你通过了哪些专业技能等级考试？有什么证书？

5. 你认为在本公司能发挥你的什么专长？

6. 到我们公司来工作，你可能有哪些地方不适应？你打算如何调整？

7. 你能够胜任分配给你的业务工作吗？靠什么才能胜任？

8. 依你的学业等方面条件，你估计今后的工作成绩能打多少分（按百分制）？

9. 你来求职，对公司和岗位有哪些要求？

10. 你为什么选择现在的专业？如果不是你选择的而是分配的，你还觉得这个专业好吗？

11. 你选择工作主要考虑哪些因素？

12. 你喜欢挑战性的工作吗？

13. 你对公司的发展能够起到什么作用？

14. 如果应聘成功，你认为成功的原因有哪些？

15. 如果应聘失败，你认为失败的因素有哪些？

16. 如果让你把一盒蛋糕切成 8 份，分给 8 个人，但蛋糕盒里还必须留有 1 份，你怎么办？

17. 请问你在学校里最重要的收获是什么？

18. 你是怎么理解服务的？

19. 如果上司交给你一份不属于你分内的工作，你打算怎么做？

20. 如果一个比你工作能力低的同事和你拿的薪水是相同的，你如何看待这件事情？

21. 你如何让别人接受你的观点或主意？

22. 自我评价一下，你自己最大的优点和最大的缺点是什么？

23. 今天晚上你约好了和客户见面，但是下班时老板说要找你商量事情，你是见客户还是见老板？

24. 你希望公司里的人际关系是什么样的？如果实际上不是你所期望的，你会怎么办？

25. 你的职业梦想是什么？

26. 当你是对的，但别人却反对你时，你该如何处置？

27. 当你的客人很明显在刁难你的时候，你如何应付？

28. 请问你是怎样想到应聘这份工作的？

29. 可以描述一下你的性格特点吗？

30. 由“大脑”一词联想出10个与之紧密相关的词语。

二、选择题

1. 选出下面的不同类项：（　　）。

A. 水母　　B. 水鸟　　C. 水手　　D. 水蛇

E. 水牛

2. 选出下面的不同类项：（　　）。

A. work　　B. book　　C. ask　　D. look

E. take

3. 1千克苹果与1千克葡萄、1千克啤酒，哪个更重一些？（　　）

A. 啤酒重　　B. 葡萄重　　C. 苹果重　　D. 一样重

E. 不可比较

4. 以下是某公司出现过的四种类型员工，你认为哪种人不值得你今后学习？（　　）

A. 把自己当成是公司的经营者

B. 老板或上司让我做什么我就做什么

C. 敢于主动承担工作的失败结果

D. 我只是个普通员工，公司盈亏与我无关

5. 以下几种行为当中，符合你个性或理念的是：（　　）。

A. 我现在最多只能挑40千克，如果让我挑50千克，我想我会试一试

B. 我现在最多只能挑40千克，如果让我挑50千克，那是没有可能的

C. 我现在最多只能挑40千克，如果让我挑50千克，不是不可以，看能给我多少钱

D. 我现在最多只能挑40千克，如果让我挑50千克，我肯定挑，我想我最大极限有可能是60千克

6. 下面是 4 位员工一起在餐桌上就餐的现象，你认为哪种现象是可以提倡的：（　　）。

A. 吃饭的时候，把骨头和菜渣丢在地面上

B. 把骨头和菜渣丢在桌面上，吃完饭后端起餐盘离开

C. 要了满满一餐盘的饭菜，吃了一点点，觉得没有胃口，于是把它们全部倒进了垃圾桶里

D. 吃完饭后，把餐桌上的骨头、菜渣、饭屑、汤汁用餐巾扫到餐盘里，将桌面抹干净后离去